[改訂版]
キャッシュフローで考えよう！

意思決定の管理会計

香取 徹［著］

創成社

はじめに

　この本は，キャッシュフローがいろいろな意思決定の問題を解決できることをわかりやすく解説するためのテキストです。企業は日常的にさまざまな経営管理の場面で意思決定をしなければなりません。しかし「計算通りいかない」「データがない」「時間がない」などいろいろな理由で経済性に基づいた意思決定が必ずしも行われているとはいえません。そこで，採算の取れる経済性に基づいた意思決定の基礎的な考え方をしっかりと理解していただきたくて，この本書を執筆しました。

　前著『キャッシュフロー管理会計』では経済性の考え方をExcelに特化して説明しました。本書の特徴は，第1に簡単な数値例や図表を使ってなるべくわかりやすく解説することに心がけました。第2に制約の理論（Theory of Constraints）を取入れてPIC（Profit Index under Constraints）という有用な指標を使ったことです。第3に各章の内容をより理解するために章末に多くの演習問題を載せました。そして最後にExcelでも理解できるよう経済性計算に必要な関数とツールを解説しました。

　本書は4章から構成されています。第1章はキャッシュフローの基本的な考え方，第2章はキャッシュフローの効率という考え方，第3章は長期のキャッシュフローの価値，第4章は一般的な投資案の評価を中心に，年価法の利用などの応用問題です。各章末の演習問題で理解を深めていただきたいと思います。

　この分野では，千住鎮雄先生と伏見多美雄先生の著書『経済性工学の基礎』があります。この本の内容を少しでもわかりやすく普及させたいという気持ちから，本書を出版しました。ですから，本文中の記号や専門用語は，『経済性工学の基礎』のものを使用させていただきました。私自身，専修大学の伊藤和憲先生を通じて伏見先生と懇意にしていただき，感謝の気持ちを込めて執筆し

た次第です。

　本書を通じて，キャッシュフローがとても有用な考え方であることを理解していただき，実践の場に生かしていただけたら，この上ない喜びです。

2014年3月

著　者

キャッシュフローで考えよう！

　意思決定の多くの場合に障害となるのは，会計で使われるデータです。会計では，1期間の利益を計算するためにさまざまなコストの配分計算が行われますが，このデータの多くは意思決定に必要な計算とは異なります。たとえば，以下のような間違いやすいテーマは，キャッシュフローで考えると解決することができます。

- 製品別損益を正しく計算して受注選択する。
- 遊休設備を利用するときは，帳簿残存価額ではなく時価をコスト計算に使う。
- 投資利益率の高い案件から選択すると，正味利益は最大になる。
- 在庫を減らすようにすると，利益は増える。
- 複数の製品から選択するときは，売上高利益率を選択指標とする。
- 失敗コストは，製品を作るのに消費した製造原価である。
- 1個当たりのコストを低減させると，必ず利益は増える。
- 投資するときは，早くもとの取れる案を選ぶようにすると有利である。
- 投資判断の指標として，IRR（内部利益率）を利用する。
- 利益の金額を目安にして利益額の多い順に製品選択すると，利益の合計額は最大になる。

はじめに　◎——v

改訂にあたって

　初版発行から4年が経ち，多くの先生方，学生からさまざまな要望をいただき，感謝しています。これらの要望に少しでも応えられるように，改訂を行いました。改訂では特に第1章の演習問題の充実を図りました。この章が本書では特に重要だと考えています。さらに第2章では無資格案や差額の考え方を説明し，第3章では演習問題を整理・拡充しました。そして第4章では，説明が不足していると思われる部分を補強し，不確実性についてわかりやすくしたつもりです。少しでもご理解を深めていただければ幸いです。

2018年3月

著　者

参考文献

千住鎮雄・伏見多美雄『新版　経済性工学の基礎』日本能率協会マネジメントセンター，1994年。

千住鎮雄・伏見多美雄『経済性工学の応用』日本能率協会マネジメントセンター，1982年。

千住鎮雄・中村善太郎・丹羽　明『経済性工学の演習』日本能率協会マネジメントセンター，1994年。

千住鎮雄編『経済性分析　改訂版』日本規格協会，1986年。

伏見多美雄編著『経営管理会計　改訂版』日本規格協会，1988年。

伏見多美雄『経営の戦略管理会計』中央経済社，1992年。

伊藤和憲・香取　徹・松村広志・渡辺康夫『キャッシュフロー管理会計』中央経済社，1999年。

香取　徹『資本予算の管理会計』中央経済社，2011年。

・Microsoft, Excelは米国Microsoft Corporationの米国およびその他の国における登録商標です。
・なお，本文中に®,™の表記は明記されていません。
・上記のほか，本書に記載されている会社名および製品名は架空のものであり実在の会社または製品と一切関係ありません。

目　次

はじめに
改訂にあたって

第1章　キャッシュフローで考えよう！ ―― 1
　1－1．意思決定するとき ·· 2
　1－2．キャッシュフローで考えよう ························· 4
　1－3．キャッシュフローで考えよう
　　　　　―破損したコーヒーカップとワイングラス ········ 12
　1－4．キャッシュフローで考えよう
　　　　　―将来生じるはずのキャッシュフロー ············ 14
　1－5．個別受注の問題―その注文を引き受けますか ····· 16
　1－6．赤字製品・黒字製品―収益性って何ですか ········ 18
　1－7．取替え問題と処分損―取替えるか継続するか ····· 20
　1－8．在　　庫―在庫が増えると利益が増える？ ········ 22
　1－9．制約（Constraints）―生産能力制約と市場制約 ···· 24
　1－10．作りますか？―受ける側の状況で変わる受注選択 ·· 28
　制約について　30
　減価償却について　32
　演習問題　34

第2章　金額か効率か ―― 51
　2－1．金額か率か ··· 52
　2－2．案件のタイプ ·· 54
　2－3．独立案（1）制約のある場合 ·························· 56
　　　　独立案（2）制約のない場合 ·························· 64

2－4．排反案 ··· 68
　　　2－5．混合案　制約のある場合 ·· 78
　Excel　並べ替え・ソルバー　90
　演習問題　92

第3章　資金の時間的価値 ─── 103

　　　3－1．資金の時間的価値 ··104
　　　3－2．現価と終価の換算 ··106
　　　3－3．現価と年価の換算 ··108
　　　3－4．年価と終価の換算 ··110
　資金価値のまとめ　112
　　　3－5．金額か，利率か，期間か ··114
　　　3－6．一般的な投資案の採算性 ··118
　Excelの関数　121
　演習問題　126

第4章　税引後キャッシュフロー ─── 133

　　　4－1．税引後キャッシュフロー ··134
　　　4－2．投資案を作ってみよう ···138
　　　4－3．税引後の投資案の採算性 ··140
　　　4－4．独立案 ···142
　　　4－5．排反案 ···144
　　　4－6．混合案 ···146
　　　4－7．寿命の異なる投資案 ···148
　　　　　　不確実な見通しでの分析 ··150
　IRRは使えるか？　156
　演習問題　158

複利係数表　167
索　　引　181

第1章　キャッシュフローで考えよう！

> **はじめに**
> 　この章では，意思決定に必要なキャッシュフローの基本的な考え方を説明します。キャッシュフローとは現金の出金，入金のことで，将来生じる現金の出入りで考えることが大切です。キャッシュフローと近い関係にあると思われているのが利益ですが，利益は収益から費用を差引いたもので，キャッシュフローとはだいぶ異なります。キャッシュフローで考えることで，さまざまな場面の意思決定ができるようになります。

1-1. 意思決定するとき

　いくつかある案の中からどれを選ぶかという問題が「意思決定」です。
　たとえば，歩いていて分かれ道に立った時にどちらの道に進むかを考えて決めなければなりません。
　下の図に示すようにO地点から歩いてきた人が現在P地点で立止まり，どの道で進もうかを考えています。これから先にはQ地点，R地点へと続くルートA，ルートB，ルートCがあります。どの道を選んで進もうか，将来のルートを選択することが「意思決定」です。この意思決定にはプロセスがあります。

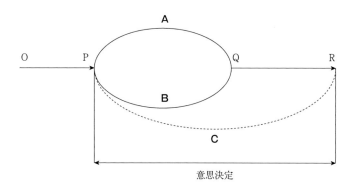

意思決定

ステップ1：まず何が問題なのかを考えます。この場合，どこへ行くことが目的なのかを明確にすることです。Q地点なのかR地点なのか，目的地が異なるとルートもさまざまです。このステップは簡単なようでいて難しいことでもあります。たとえば，問題が事業を拡大することなのか，利益を上げることなのか，売上を増やすことなのかを混同せずに，目的をはっきりさせることです。

ステップ2：代替案の探索です。目的地が決まると次はその目的達成の方法を考えます。Q地点に行くためには，ルートAとルートBが代替案として考えられますが，もしR地点へ行くことが目的であるならば，ルートAまたはルートBでQ地点を通ってR地点へ向かうルートのほかに，Q地点を通らないルートCも代替案となります。

ステップ3：代替案をキャッシュフローによって測定し比較します。それぞれのルートを通るといくらお金がかかるかを計算しますが，ルートによって必要な時間や状況も異なりますので，できる限り現金に換算することで代替案の比較が可能になり，有利な案件がわかります。キャッシュフローで考えるときには，このステップが一番重要です。

ステップ4：最後はルートの決定と実施です。経済的に有利な案件が実施されるとは限りません。速さや便利さなどの非金銭的な要素を加味して案件を選択して決定・実施することになります。

1-2. キャッシュフローで考えよう

　キャッシュフローで考えるとは，どういうことでしょうか。それは，これから生じるお金の流れ，つまり入金と出金で考えることです。将来いくらお金が入ってくるのか，いくらお金が出ていくのか，を考えます。過去にもらったお金や支払ったお金は原則として考えませんが，過去のキャッシュフローでもこれから戻ってきたり返さなければならないときは，将来に影響するので検討しなければなりません。

　意思決定のプロセスの第3ステップ「代替案をキャッシュフローで測定して比較する」は，キャッシュフローで考えるうえで特に大切です。ここで大切な原則が2つあります。

1．キャッシュフローで測定する

　　注意することは，利益で測定するのではないということです。利益を尺度にすると正しい意思決定ができない場合があるからです。いつも正しい決定の基準となるのは，キャッシュフローです。このことはこれからゆっくり説明します。

2．代替案を比較する

　　比較するためには何と何を比較するかを明確にしておかなければなりません。そして比較するとは引き算をすることで，代替案同士の差を求めることです。たとえ代替案がなくて案件が1つしかないとしても，その案件を行ったときと行わなかったときを比較します。

　A社の中古マンションが1,000万円で売りに出ています。このマンションを手に入れようと手付金200万円を支払いました。残金800万円を支払おうとしている矢先，B社の中古マンションが700万円で売りに出されました。もしB

社のマンションを買うと，A社に支払った手付金200万円は戻ってきません。ではどちらのマンションを買った方が経済的でしょうか。

このような時には，将来生じるキャッシュフローで考えます。B社には700万円を支払えばいいのですが，A社のマンションを購入する場合は，残金の800万円を支払わなければなりません。この場合の比較の対象は，A社のマンション800万円とB社のマンション700万円です。

　　　A社のマンション 800万円 ＞ B社のマンション 700万円
　　　A ＞ B

差額を求めると，

　　　A － B ＞ 0

　　　差額がプラスなので，Aの方が100万円高い。

これから支払うB社のマンションの700万円にすでに支払った手付金200万円を加えた900万円と，A社のマンションの残金の800万円を比較するのではありません。A社に支払った手付金200万円は，A社のマンションを買ってもB社のマンションを買っても将来戻って来ないので，キャッシュフローでは考えません。

どうしても，手付金200万円を計算に含めて考えたいというのであれば，

A社のマンション：手付金200万円＋残金800万円＝1,000万円
B社のマンション：手付金200万円＋700万円＝900万円

この場合でも，A社のマンションの方が100万円高くなります。

このように，比較する対象を明確にして将来生じるキャッシュフローで測定し，比較することで意思決定ができます。

以下の5つの場合について，「テニスクラブ」を例題にして，キャッシュフローで考える練習をしてみましょう。

[例題1.1] どちらのテニスクラブに入るか

川島さんは，健康のためにテニスクラブに入会しようと考えています。家の近くにあるグリーン・テニスクラブは年会費が20万円で，1日プレーするご

とに 1,000 円のロッカー代がかかります。一方，ローン・テニスクラブは年会費 12 万円でロッカー代 1,500 円ですが，家から遠く離れているので交通費が往復で 2,000 円かかります。川島さんはどちらのテニスクラブに入るのが経済的でしょうか。入会して年会費を支払うと 1 年間何回テニスをしてもプレー代金はかかりませんが，一度もプレーしなくても返金されません。

	年会費	交通費・ロッカー代
グリーン・テニスクラブ	20 万円	1,000 円
ローン・テニスクラブ	12 万円	3,500 円

どちらのテニスクラブに入るかを考える場合，それぞれのクラブに入ったときに生じるキャッシュフローで比較します。年間テニスに行く回数を x とすると，

グリーン・テニスクラブ：$200{,}000 + 1{,}000 \times x$
ローン・テニスクラブ　：$120{,}000 + 3{,}500 \times x$

これから生じるキャッシュフローが等しくなる回数を求めると，

$x = 32$

右の図からわかるように，年間 32 回を超えてテニスをする場合にはグリーン・テニスクラブ，32 回未満ならローン・テニスクラブでプレーする方が経済的に有利になることがわかります。ここで大切なことは，これから生じるキャッシュフローで比較していることです。

この問題は，どちらの案件を選ぶかという意思決定において重要で基本的な考え方を示しています。それは，これから生じるキャッシュフロー総額を比較するということです。たとえば，新規に行う設備投資計画など，これから新たに生じるキャッシュフローだけを考えれば意思決定ができるのです。

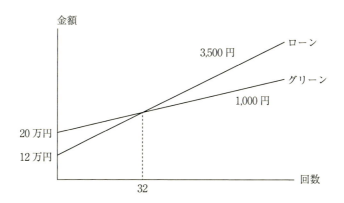

［例題1.2］ 正会員かビジター会員か

　川島さんは，［例題1.1］から年間32回未満しかテニスをしないだろうと思い，入会金の安いローン・テニスクラブに入会しようとクラブに行きました。クラブのフロントで「当クラブには正会員年会費12万円とビジター会員1日5,000円の2種類の会員権がありますが，どちらになさいますか？」と聞かれました。さて今度はどのようにキャッシュフローで考えたらいいでしょうか。

　ローン・テニスクラブの正会員とビジター会員とは，年会費12万円をまとめて支払うか，毎回プレーのたびにビジター費5,000円を支払うかの違いですから，次頁の図のようになります。交通費とロッカー代は，正会員とビジター会員のどちらの場合も同じですから，考える必要がありません。そこで，正会員とビジター会員でこれから生じるキャッシュフローを比較します。年間テニスに行く回数を x とすると，

正会員　　　：120,000
ビジター会員：5,000 × x

これから生じるキャッシュフローが等しくなる回数を求めると，

$x = 24$

　次頁の図からわかるように，年間24回を超えてテニスをする場合には正会

員，24回未満ならビジター会員でプレーする方が経済的に有利になることがわかります。ここでも大切なことは，これから生じるキャッシュフローで比較していることです。

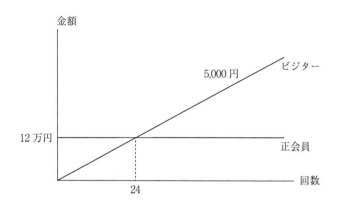

　この問題は，ある設備を自社で購入して生産するか，それとも材料を提供して他社に外注して生産してもらうかという問題と同じ構造になっています。年会費が設備の購入代金，ビジター費が外注費用にあたります。そして交通費・ロッカー代は材料費にあたりますから，どちらにしても当社が負担するので考えなくてもいいのです。内作か外注かという問題は基本的にこのように考えます。

[例題 1.3] グリーン・テニスクラブに入りなおすか

　川島さんは，[例題 1.2]を参考にして，12万円を支払って正会員としてローン・テニスクラブに入会しました。入会して2カ月，川島さんはテニスの友人もできてテニスが楽しくなりました。毎週2日もテニスをするようになり，交通費とロッカー代が毎回3,500円かかることが負担になってきました。そこでグリーン・テニスクラブに入り直そうかと考えましたが，ローン・テニスクラブに支払った入会金12万円は返金されません。今度はどのようにキャッシュフローを比較したらいいでしょうか。

　ここでも大切なことは，将来生じるキャッシュフローに着目することです。

比較の対象はグリーン・テニスクラブに新たに入会した場合と現状のままローン・テニスクラブでテニスを続けた場合です。

年間テニスに行く回数をxとすると

グリーン・テニスクラブ：$200,000 + 1,000 \times x$

ローン・テニスクラブ　：$3,500 \times x$

これから生じるキャッシュフローが等しくなる回数を求めると，今度は

$x = 80$

80回を超えてグリーン・テニスコートに行けば，テニスクラブを替えても有利になることがわかります。ここでも意思決定のために将来生じるキャッシュフローに注目することが大切です。ローン・テニスクラブに支払った12万円が気になるかもしれませんが，どちらのテニスクラブに行くとしてもすでに支払ってしまって返金されないので，将来のキャッシュフローに影響しませんから，考えなくていいのです。

この問題は，企業が設備を取替える場合に大切な考え方を示しています。いったん購入した設備を取替える場合，設備の取得価額や簿価（未償却残高）や減価償却費（過去に購入した設備費の期間配分額）などの過去の投資額などが気になって，なかなか取替えに踏み出せない場合があります。この場合も，すでに

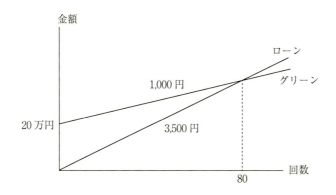

支払ってしまった過去の投資額は，これから返金されるわけではないので，意思決定に含めません。

[例題 1.4] 両方のテニスクラブに入ってみると

川島さんは，思案の末グリーン・テニスクラブにも入会金 20 万円を支払い入会しました。その結果，2 つのテニスクラブに入会することになったのです。では，どちらのクラブでテニスをした方が経済的でしょうか。これも考え方は同じで，これから生じるキャッシュフローを比較すればよいのです。グリーン・テニスクラブはロッカー代の 1,000 円，ローン・テニスクラブは交通費とロッカー代の 3,500 円を比較します。

下の図からわかるように，グリーン・テニスクラブに行った方が常に経済的であることがわかります。このとき，それぞれのテニスクラブに支払った入会金は，これからどちらのクラブに行っても将来に影響しないため意思決定から除外します。

これは不景気の時などに，すでに購入した設備の中で現在使われていない遊休設備やラインのうちどれを稼働させて生産するかという問題と同じです。このような時は，これからかかる稼動費用だけを比較すればよいのです。

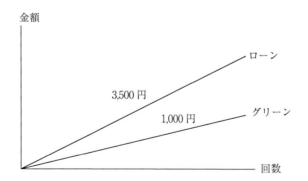

[例題 1.5] 海外転勤になってしまった

　川島さんはグリーン・テニスクラブにも入会しました。ところが会社から向こう2年間の海外出張を命じられてしまいました。もう2年間はテニスができません。もしこのグリーン・テニスクラブの会員権を売ることができるとしたら，いくらで売るのがいいでしょうか。

　この場合，2年間はテニスクラブでプレーすることはないので，将来生じるキャッシュフローはありません。キャッシュフローが生じないということは，会員権の売価についての手掛かりがないので，いくらでもいいとしか考えようがありません。ですから下の図となります。何しろテニスはもうできないのですから，買手の希望価格で売るしかないのです。

　この考え方は不良在庫の処分等を考えるうえで大切なことを示しています。「何年も売れない死蔵品となっている商品は保管費用もかかるし場所もとるのでなんとかさばきたい。でもいくらで売ったらいいのだろうか。」この問題に対するキャッシュフローの考え方は，少なくともこれから生じる保管費用の金額以上であれば，いくらでもいいということになります。もちろん仕入れにかかった費用で売れればそれに越したことはありませんが，すでに支払ってしまった仕入費用は，これからこの商品が売れても売れなくても戻ってくるものではないので，意思決定には含めないのです。

金額

回数

1-3. キャッシュフローで考えよう
破損したコーヒーカップとワイングラス

　川原商事は，輸入食器の専門商社です。ある日のこと，1日に2つの商品を搬送途中に破損してしまいました。1つは評判で入荷するとすぐに売れてしまう仕入れたばかりのコーヒーカップ，もう1つは3年前社長が海外で直接購入してきた商品で仕入れて以来売れずに残っているワイングラス。どちらも仕入値は10,000円，販売価格は15,000円です。さて，この2つの製品の損失はいくらでしょうか。

　当然，両方とも売りものになりませんし，仕入れ値は同じ10,000円ですから，帳簿上ではともに同じ10,000円の損失となります。しかし，キャッシュフローでは異なります。それは，「売れるかどうか」です。

　コーヒーカップの場合は，評判がいいので破損しなければ売れていたと考えられますが，ワイングラスの場合は3年売れなかったのですから，破損しなくても売れなかったと考えられます。そこで破損した場合のキャッシュフローと破損しなかった場合のキャッシュフローを比較して，破損による損失を計算してみましょう。コーヒーカップの場合，表1.で示すように，破損したために将来入ってくるはずのキャッシュを失うことになったため，15,000円の損失になっています。仕入の10,000円は，破損してもしなくても仕入れ代金は支払わなければなりません。したがって15,000円の損失です。ワイングラスの場合は，表2.からわかるように，将来入ってくるキャッシュフローがわからないうえ，仕入代金は3年前に現地で支払い済みですから0です。このようにキャッシュフローの計算では，将来キャッシュフローを生じる可能性というものも考慮します。ある商品が今，売れるかどうかということはキャッシュフローにとって重要なポイントになります。

表1.   (単位：円)

コーヒーカップ		Cash-in	Cash-out	Cash-flow
	破損した場合	0	−10,000	−10,000
（−）	破損しない場合	15,000	−10,000	5,000
	破損による損失	−15,000	0	−15,000

表2.   (単位：円)

ワイングラス		Cash-in	Cash-out	Cash-flow
	破損した場合	0	0	0
（−）	破損しない場合	0	0	0
	破損による損失	0	0	0

　この例題からわかるように，将来入ってくるはずのキャッシュが入らなくなることと，キャッシュを支払うこととは同じ効果になります。皆さんが，友人からの150円の缶コーヒーをご馳走したい，という申し出を断ったとします。それは，実は150円損をしていることになるということです。つまり，「受取らないこと」は「支払うこと」と同じなのです。同様に考えると，「受取ること」は「支払わないこと」と同じことになります。今度は，皆さんが150円の缶コーヒーを買って友人にご馳走しようとして，友人が断った場合です。この場合は150円得したと考えます。

1-4. キャッシュフローで考えよう
将来生じるはずのキャッシュフロー

　将来発生するキャッシュフローを考えに入れると，次のような問題も生じます。仕入原価800円，販売単価1,000円の商品が1つあります。2人のお客さんが同時にこの商品をほしい，と言い出しました。そこで1人のお客さんは，やむをえず諦めました。1つしかない商品は売れましたが，この場合，お店はいくらもうかったのでしょうか。商品が1個売れたので，利益は200円ですか？

　このとき商品が2個あれば2個売れていたはずですから，「2個分のキャッシュが手に入っていたはず」です。ところが1個しかなかったために「1個分のキャッシュしか手に入らなかった」と考えます。つまり商品が1つある場合と2つある場合を比較するのです。そうすると，表1.のように200円損をしていることになります。これを一般的には「欠品による損失」といいます。将来発生するはずのキャッシュフローが入らなくなるということは，キャッシュを失うことと同じです。

表1.　　　　　　　　　　　　　　　　　　　　　　　　　　　　（単位：円）

		Cash-in	Cash-out	Cash-flow
	商品が1つある場合	1,000	−800	200
（−）	商品が2つある場合	2,000	−1,600	400
	商品が1つしかなかったことによる損失	−1,000	800	−200

　このことは，証券や金融でも同じように考えることができます。たとえば，ある人が余裕資金1,000万円の運用を迷っているとしましょう。いつもは定期預金に預けていたのですが，ちょうど預金が満期になるので，友人から勧めら

れた株式投資を考えています。定期預金は1年後には利息が付いて1,100万円になりますが，思い切って定期預金を解約し株式に投資することにしました。1年後，幸い株価が値上がりして1,300万円で売却することができました。もうけは300万円でしょうか？

表2.　　　　　　　　　　　　　　　　　　　　　（単位：万円）

	リターン	元金	利益
株式投資	1,300	1,000	300
定期預金	1,100	1,000	100

　株式投資から得られたキャッシュフローは，定期預金を解約して，定期預金から将来生じるはずの利息を犠牲にして得られたものです。ですから，キャッシュフローでは200万円のキャッシュ増分と考えます（表3.）。では，もし株価が1年後1,080万円にしか値上がりしていなかったら，80万円の利益でしょうか？　定期預金をしていれば生じていた利息100万円のキャッシュフローを犠牲にしているので，100－80＝20万円の損失なのです（表4.）。

表3. 株価が1,300万円の場合　　　　　　　　　　　　　　　（単位：万円）

		Cash-in	Cash-out	Cash-flow
	株式投資	1,300	−1,000	300
（−）	定期預金	1,100	−1,000	100
	定期預金を解約して株式投資にした増分	200	0	200

表4. 株価が1,080万円の場合　　　　　　　　　　　　　　　（単位：万円）

		Cash-in	Cash-out	Cash-flow
	株式投資	1,080	−1,000	80
（−）	定期預金	1,100	−1,000	100
	定期預金を解約して株式投資にした増分	−20	0	−20

1-5. 個別受注の問題
その注文を引き受けますか

　「個別の注文を受けるのは有利か」という問題もキャッシュフローで考えて意思決定します。その注文を受けたことで生じるキャッシュフローで考えればいいのです。

　神谷工業は最近，製品Aの国内での需要が頭打ちになってきて人も設備も余裕が出てきたので，輸出を検討することにしました。現在の生産量は月1,000トンで，経理資料によるとトン当たりの製造費用は右の表のように10.7万円です。この表の材料費とは主要原料代，変動加工費とは加工に必要な補助材料や電力などで，生産量が増えると増加する費用（変動費）です。一方，直接労務費とは人件費，減価償却費とは機械や建物などの設備費，間接経費とは賃借料や固定資産税などで，これらの費用は生産量が増えても変化しない費用（固定費）で，月間総額を生産量1,000トンで割ってトン当たりを求めています。

　販売価格は国内では現在トン当たり12.5万円ですので，利益はトン当たり1.8万円（12.5−10.7），月間1,800万円です。ところが海外市場では200トンの需要が見込まれていますが，送料や取次店のマージンなどを差引くと手取り8万円の収入にしかならないと予想されます。8万円の売上収益では10.7万円の製造原価を下回ってしまいます。輸出はやめるべきでしょうか。

80,000 < 107,000

　意思決定のポイントは，将来生じるキャッシュフローです。この注文を受けた場合に生じるキャッシュフローは，製品の販売による売上と生産のための材料費と変動加工費です。これらの収益・費用は生産量が増えれば，その分増加します。一方，直接労務費，減価償却費と間接経費は，輸出用に200トン増産しても固定費なので増加しません。右の表からわかるように海外増産分は，ト

製品Aのトン当たり製造費用　　　　（単位：円）

	従来の国内分	海外増産分
材　料　費	46,000	46,000
変動加工費	14,000	14,000
直接労務費	20,000（2,000万円÷1,000）	
減価償却費	15,000（1,500万円÷1,000）	
間　接　経　費	12,000（1,200万円÷1,000）	
合　　計	107,000	60,000

ン当たり売上8万円のキャッシュ増分，材料費4.6万円と変動加工費1.4万円のキャッシュ減分の差額，つまりトン当たり2万円のキャッシュ増分となります。

80,000 ＞ 60,000

200トンで400万円となり，このキャッシュの増分がそのまま利益の増分になるので，輸出した方が利益は増えると判断します。

損益計算書　　　　（単位：円）

	従来の国内分（1,000トン）		海外増産分（200トン）		（1,200トン）
	トン当たり	1,000トン	トン当たり	200トン	合　計
売　　上	125,000	125,000,000	80,000	16,000,000	141,000,000
材　料　費	46,000	46,000,000	46,000	9,200,000	55,200,000
変動加工費	14,000	14,000,000	14,000	2,800,000	16,800,000
直接労務費	20,000	20,000,000			20,000,000
減価償却費	15,000	15,000,000			15,000,000
間　接　経　費	12,000	12,000,000			12,000,000
原価合計	107,000	107,000,000	60,000	12,000,000	119,000,000
利　　益	18,000	18,000,000	20,000	4,000,000	22,000,000

このように個別受注の問題は，キャッシュの増分で意思決定します。表からわかるように，キャッシュの増分はそのまま利益の増分になります。反対にキャッシュの減分は利益の減分にもなります。つまり，キャッシュフローで考えることで正しい意思決定ができるのです。

1-6. 赤字製品・黒字製品
収益性って何ですか

　黒田工業では製品AとBをそれぞれ1,000個ずつ生産し販売しており，その月次損益計算書は表1.です。社長は「会社としては利益がでているが，収益性の高い製品に生産を集中したい」と考えています。そこで収益性を分析するために，同社の原価計算課では製品別の損益計算書を作成しました（表2.）。製品別損益計算書とは，製品を1個作るのにかかる原価を集計した表で，材料費のように1個分の原価がわかるものもあれば，労務費や経費のように，月間の総額で計算されるものもあります。このような費用は何かを基準に1個当たりの原価を計算します。この場合の労務費は，製品それぞれの1個当たりの生産時間が等しいので，従業員の給料の月額総額260万円を生産量2,000個で割って計算しています。また固定経費は，販売単価の割合，つまり6,000円と4,000円の比率で配賦しています。

表1. 黒田工業の月次損益計算書 （単位：円）

売 上 高	10,000,000
材 料 費	3,200,000
労 務 費	2,600,000
固定経費	4,000,000
利　　益	200,000

表2. 製品別損益計算書 （単位：円）

	製品A		製品B		合　計
売 上 高	6,000	6,000,000	4,000	4,000,000	10,000,000
材 料 費	2,400	2,400,000	800	800,000	3,200,000
労 務 費	1,300	1,300,000	1,300	1,300,000	2,600,000
固定経費	2,400	2,400,000	1,600	1,600,000	4,000,000
利　　益	−100	−100,000	300	300,000	200,000

この製品別損益計算書によると，製品Aは赤字製品，製品Bは黒字製品ということがわかります。したがって，1個当たりの利益を基準とすれば，黒字製品Bの生産に集中して，赤字製品Aの生産を中止すべきです。そこで，製品Aを中止して，製品Bだけ2,000個生産したのが表3.です。表1.と比較すると利益は減っています。では赤字製品Aだけ2,000個の生産に集中するとどうなるでしょうか。それが表4.です。今度は利益が増えています。

表3. 製品Bだけを生産した場合
(単位：円)

売 上 高	4,000	8,000,000
材 料 費	800	1,600,000
労 務 費	1,300	2,600,000
固定経費	2,000	4,000,000
利　　益	-100	-200,000

表4. 製品Aだけを生産した場合
(単位：円)

売 上 高	6,000	12,000,000
材 料 費	2,400	4,800,000
労 務 費	1,300	2,600,000
固定経費	2,000	4,000,000
利　　益	300	600,000

さて，製品の収益性とは何を基準にすればよいのでしょうか。それはキャッシュフローです。収益性とはキャッシュフローの大きさのことです。ここでは製品1個を生産して販売することによって生じるキャッシュフローが製品の収益性で，1個当たりの利益ではないのです。1個当たりのキャッシュフローは，販売によるキャッシュ増分と材料消費によるキャッシュ減分の差額になります。労務費と固定経費は製品Aを生産しても製品Bを生産しても，変わりません。つまり製品1個を作って売ることによるキャッシュフロー増分が収益性を表します。表5.で示すように，製品Aの方が収益性は高いので，生産を集中するとすれば製品Aです。だから，表4.が示すように，製品Aを生産した場合に利益が増えるのです。

表5. キャッシュフロー
(単位：円)

	製品A	製品B
キャッシュ増分	6,000	4,000
キャッシュ減分	2,400	800
キャッシュフロー	3,600	3,200

1-7. 取替え問題と処分損
取替えるか継続するか

　設備を新しく取替えるか，それとも既存の設備を修理しながら継続して使うか。これは日常的で難しい問題です。新しい設備は高価ですが，高性能，省力化，維持費用がかからないといった利点があります。一方，既存設備は使い慣れているが修理・保全などメンテナンス費用が徐々に増えていき，また省力化への対応は不十分です。このような取替え問題は，キャッシュフローで考えることができます。

　㈱清水では，600万円で機械Aを購入しましたが，1カ月後もっと性能のいい機械Bが500万円で発売されました。どちらの機械もあと5年間使うことができますが，このまま機械Aを使うと設備の維持稼動費用は年間250万円かかり，機械Bに取替えると100万円で済みます。しかし，機械Aはすでに1カ月使用したうえ改良してしまっているので，今売ろうとしても取替費用と処分収入はほぼ等しく，売却しても実質的に収入はゼロだということです。さてこのまま機械Aを使うか，それとも機械Bに取替えるかどちらが有利でしょうか。ただし，金利を考えないことにします。

（単位：万円）

	購入額	年間維持稼動費用
機械A	600	250
機械B	500	100

　これから5年間に生じるキャッシュアウトを比較します。

　機械A：250万円×5＝1,250万円

　機械B：500万円＋100万円×5＝1,000万円

　したがって機械Bの方が250万円有利です。この計算には機械Aの購入の

ために支払った600万円が入っていません。キャッシュフローで考える場合には，すでに支払って将来戻って来ない金額は意思決定から除外します。この600万円は，機械Aをこのまま使用しても機械Bに取替えても，これから生じるキャッシュフローには無関係だからです。この600万円のように，過去に支出し意思決定に無関係な費用を「埋没原価」といいます。キャッシュフローで考えるときは，「埋没原価」は計算に含めません。

一方，会計では，会計期間内でかかった費用を計算しますので，この「埋没原価」600万円も会計期間に含めて考えます。過去に投資した設備の会計帳簿上の残高（帳簿残高：取得価額から減価償却累計額を差引いた額）と処分収入との差額の損失を「固定資産処分損」といいます。この例では機械Aを処分した場合の600万円は，キャッシュフローで考えると「埋没原価」ですが，会計上は「固定資産処分損」です。この「固定資産処分損」は処分した期の損失として処理されます。

では，「固定資産処分損」を計算に含めた会計上の取替えは不利なのでしょうか。この場合，5年間の機械使用期間全体で考えます。機械Aを使う場合の総費用と比較するのは，機械Aを処分して機械Bを購入した場合の総費用となります。つまり，機械Bを購入した場合，機械Aも購入しているので，以下のように比較することになります。

機械A：600万円 + 250万円 × 5 = 1,850万円
機械B：600万円 + 500万円 + 100万円 × 5 = 1,600万円

この場合も，機械Bの方が250万円有利です。このように会計期間全体で考えれば，「固定資産処分損」は会計上の総費用に含めて計算されるので，キャッシュフローによる計算と同じ結果になります。このことは，キャッシュフローによる計算は必ず会計上でも確認することができることを意味します。

また，機械などの固定資産を購入した場合，会計では減価償却という考え方によって購入価額を耐用年数の期間の費用として配分します。この例では5年間にわたって配分しますが，費用の総額で考えれば上の式と同じ結果になります（減価償却については，本章末参照）。

1-8. 在　庫
在庫が増えると利益が増える？

　在庫を多く持ちすぎるのは良くないといわれますが，在庫削減の効果はどのように測定したらいいのでしょうか。キャッシュフローと会計上の原価計算とでは結果が大きく異なります。そこで，原価計算の仕組みを簡単に説明してから，在庫削減の効果を説明します。

　小島電気では，毎月製品Aを販売単価600円で1,000個親会社に納めています。原価計算では，製品1,000個販売しても，何個生産したか，何個在庫になったか，によって原価が異なります。

① 1,000個生産して1,000個販売。（表1.）
② 1,500個生産し1,000個販売したので500個在庫となった。（表2.）
③ 在庫が500個あるので，500個生産して，合計1,000個販売。（表3.）

　月次損益計算では，販売した分に対する原価を求め，その差額である利益を計算します。販売分1,000個に対する材料費は，①②③のどの場合も同じです。しかし，労務費と固定経費は異なります。②では労務費と固定経費は当月作った1,500個分のうち販売した1,000個分が原価となります。500個分は在庫として次期に繰越されるので当月分から差引かれます（表2.）。③では逆に繰越された在庫500個分が当月分に加算されます（表3.）。そのため②のように在庫が増えると利益は増えますし，③のように在庫が減ると利益が減ります。

　一方，キャッシュフローでは，製品を生産・販売するために生じたキャッシュフローで計算しますから，1,000個分の売上がキャッシュ増分，生産した材料がキャッシュ減分です。労務費と固定経費は生産量にかかわらず変化しませんから，考えなくていいのです。その結果，在庫が増えるとキャッシュは減少し，在庫が減るとキャッシュは増加します（表4.）。

表1. ①1,000個生産　1,000個販売　在庫を増やさない　（単位：円）

製品1個当たり損益		月次損益
売 上 高	600	600,000
材 料 費	200	200,000
労 務 費	100	100,000
固定経費	180	180,000
利　　益	120	120,000

表2. ②1,500個生産　1,000個販売　500個在庫を増やす　（単位：円）

製品1個当たり損益		月次損益	
売 上 高	600	600,000	
材 料 費	200	200,000	
労 務 費	67	66,667	(100,000 ÷ 1,500個 × 1,000個)
固定経費	120	120,000	(180,000 ÷ 1,500個 × 1,000個)
利　　益	213	213,333	

表3. ③500個生産　1,000個販売　500個在庫を減らす　（単位：円）

製品1個当たり損益		月次損益	
売 上 高	600	600,000	
材 料 費	200	200,000	
労 務 費	133	133,333	(100,000 + 100,000 ÷ 1,500個 × 500個)
固定経費	240	240,000	(180,000 + 180,000 ÷ 1,500個 × 500個)
利　　益	27	26,667	

表4. キャッシュフロー　　　　　　　　　　　　（単位：円）

	①	②	③
キャッシュ増分	600,000	600,000	600,000
キャッシュ減分	200,000	300,000	100,000
キャッシュフロー	400,000	300,000	500,000

　このように原価計算による利益を基準とすると，在庫を減らすと利益は減少し，在庫を増やすと利益は増加することになり，在庫を削減しようとする意欲は低下します。一方，キャッシュフローで考えると，在庫を削減するとキャッシュフローが増加するので，在庫削減の意欲は高まります。

1-9. 制約（Constraints）
生産能力制約と市場制約

　前節1-3では，売れる商品か売れない商品かということがキャッシュフローを考えるうえで大きな問題であることを説明しました。売れるコーヒーカップと売れないワイングラスとでは，失敗コストが異なりました。「売れるか売れないか」は，「需要があるかないか」と言い換えることができます。そして「需要があるかどうか」がキャッシュフローを制約するのです。

　企業を取巻く環境は，生産時間や技術力，資金，従業員数などさまざまな制約があります。これらの制約で重要なものの1つが需要です。需要が会社の生産能力を超えていて生産が追い付かないような状態，言いかえると会社の生産能力が会社の利益を「制約」してしまっている状態を「生産能力制約」といいます。また逆に需要が会社の生産能力よりも少なく生産余力があるような状態，言いかえると市場が会社の利益を「制約」している状態を「市場制約」といいます。手不足状態でフル操業の生産能力制約は，好況時によく見られます。一方，手余り状態で生産余剰がある市場制約は，不況時によく見られる状態です。

生産能力制約： 需要＞生産能力
市場制約　　： 需要＜生産能力

　生産能力制約の場合と市場制約の場合とでは，キャッシュフローが異なります。下の図は，工場の中で原材料が投入され，工程1～3で加工され，製品として完成していくプロセスを示しています。

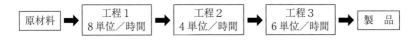

各工程で加工できる能力は異なり，工程1では1時間に8単位，工程2では4単位，工程3では6単位です。この工程から1時間にいくつの製品が生産されるでしょうか。

　それはこの図だけではわかりません。なぜなら，製品がいくつ売れるか需要がわからないからです。売れる数量が少なければ，たくさん作ると無駄になります。また，たくさん売れるとわかっていても作ることができなければ，将来生じるキャッシュフローは減ってしまいます。

　もし製品の需要が1時間に8単位以上ある場合でも，この工場では最大4単位までしか生産できません。工程2が工場全体の生産を制約しているからです。その場合には，各工程はボトルネックとなっている工程2の生産能力，1時間4単位の生産に合わせなければなりません。なぜなら，4単位を超えて各工程が生産能力を発揮しても工程間に在庫がたまるだけだからです。ボトルネックをうまく管理して生産量を増やすことができれば，その分キャッシュは増加します。このように需要は十分あるのに工場の生産量が追い付いていけず，需要に応えられていない状態が「生産能力制約」です。

　一方，製品の需要が1時間当たり4単位未満の場合，つまり需要が工場の生産能力よりも少ない状態が「市場制約」です。この状態では市場の需要が工場の生産を制約しているので，工場では生産余力が生じています。たとえば，需要が3単位しかない場合には各工程の生産能力をフルに発揮する必要はなく，各工程の生産は需要の3単位に揃えることが大切です。「市場制約」の状態で各工程がフル生産してしまうと在庫がたまり，無駄なキャッシュアウトが生じるからです。

　生産能力制約の場合と市場制約の場合では，同じ案件であってもそのキャッシュフローがまったく異なります。

木下工業では，1種類の製品を毎月20,000個生産して，そのうちの10％が不良品となり廃棄しているので，18,000個を親会社に納めています。製品1個当たりのデータは下の表です。この表の労務費と固定経費は月額総額を20,000個で割って求めています。販売単価は1個4,000円です。

製品1個当たりデータ　　（単位：円）

販売単価	4,000
材 料 費	1,500
労 務 費	700　(14,000,000円÷20,000個)
固定経費	400　(8,000,000円÷20,000個)
利　　益	1,400

親会社からの注文が20,000個の場合と15,000個の場合で考えてみましょう。20,000個の需要の場合は，木下工業の現状の生産状況では，18,000個しか生産できないので20,000個の需要を満たすことはできませんから，「生産能力制約」の状態です。一方，15,000個の需要の場合は生産可能で，まだ余力を残しているので「市場制約」の状態です。それぞれの制約の場合に，以下の2つの提案はまったく違うキャッシュフローを生じます。

① 不良率の改善案：検査費用2,000,000円をかけて10％の不良率を5％に改善する。
② 販売促進案：広告宣伝費2,000,000円をかけて10％売上増を目指す。

＜生産能力制約の場合＞

① 不良率改善：材料は投入済みですし，労務費と固定経費は変わりません。不良率が10％から5％分に変わるので，5％分の良品が増えることになります。良品の増分はそのまま売上増分になります。

キャッシュ増分：20,000個×5％×4,000 = 4,000,000
キャッシュ減分：検査費用　　　2,000,000　　　∴ + 2,000,000円

② 販売促進：生産能力いっぱいまで生産しているので，販売促進してもこれ以上売上は増加しませんから，広告宣伝費は無駄になります。
キャッシュ増分：　　　　　　　　　　　0
キャッシュ減分：広告宣伝費　　2,000,000　　∴ − 2,000,000 円

＜市場制約の場合＞
① 不良率改善：現在，需要が 15,000 個しかないので，不良品を見込んで 15,000 個 ÷ 0.9 ＝ 16,667 個生産しています。ここで不良率が改善されると，15,000 個 ÷ 0.95 ＝ 15,790 個生産すれば 15,000 個の需要を満たすことができます。ですから 16,667 個生産して 15,000 個の良品を販売していた状態から，15,790 個生産して 15,000 個の良品を販売できる状態に変わるので，その分材料を使わずに生産できるということです。
キャッシュ増分：（16,667 − 15,790）個 × 1,500 ＝ 1,315,500
キャッシュ減分：検査費用　　　　2,000,000　　∴ − 684,500 円

② 販売促進：生産余力があるので，現在の需要 15,000 個の 10％ である 1,500 個の売上増を達成するためには，不良率を見込んで生産します。つまり，1,500 個 ÷ 0.9 ＝ 1,667 個増産すれば 1,500 個の売上増となります。材料費は 1,667 個分増えますが，売上も 1,500 個分増えます。労務費，固定経費は月額総額ですので変わりません。
キャッシュ増分：1,500 個 × 4,000 ＝ 6,000,000
キャッシュ減分：材料費と広告宣伝費
　　　　1,667 個 × 1,500 ＋ 2,000,000 ＝ 4,500,500　　∴ ＋ 1,499,500 円

このように，生産能力制約のときは不良率の改善効果が高く，市場制約のときは販売促進効果が高くなります。会社の内部で生産能力を高める提案は，生産能力制約のときに効果が大きく，会社の外部にある要因を改善する提案は，市場制約のときに効果が大きいと言えます。

1-10. 作りますか？
受ける側の状況で変わる受注選択

　前節の木下工業の例では，生産能力制約か市場制約かによって，同じ方策でも効果が異なることがわかりました。今度は，この制約が変化する場合を考えます。

　木下工業は1種類の製品を毎月20,000個生産しています。わかりやすくするため，この例では不良品はありません。製品1個当たりのデータは下の表です。この表の労務費と固定経費は月額総額を20,000個で割って求めています。販売単価は1個4,000円です。

製品1個当たりデータ　（単位：円）

販売単価	4,000	
材料費	1,500	
労務費	700	（14,000,000円÷20,000個）
固定経費	400	（8,000,000円÷20,000個）
原価合計	2,600	
利益	1,400	

　ある月のこと，販売単価2,500円で3,000個の特別注文が舞い込んできました。以下の各場合，この注文を受けるかどうかを考えてみましょう（販売価格2,500円でこの注文を受けることができる訳は，1-5「個別受注の問題」を参照してください）。

① 正規生産時間内で生産できる場合：正規生産時間内で3,000個生産できる。

② 残業する場合：正規生産時間内では20,000個生産できるが，特別注文を受けるとその分は正規生産時間内では生産できず，残業しなければならない。

③ 残業できない場合：木下工業は居住地区にあるので，騒音などを配慮して残業はしないことにしている。

① 正規生産時間内で生産できる場合：

特別注文3,000個を受注しても正規生産時間内で生産できるため，残業をしないで生産できます。そのため特別注文によるキャッシュフローは売上によるキャッシュ増分と，その生産のための材料費がキャッシュ減分です。労務費や固定経費は特別注文を受けても変化しませんから，考えません。

キャッシュ増分：2,500 × 3,000 個 = 7,500,000

キャッシュ減分：1,500 × 3,000 個 = 4,500,000 　　∴ + 3,000,000 円

② 残業する場合：

正規生産時間内では20,000個生産できますが，特別注文を受けるとその分は正規生産時間内では生産できず残業しなければならないので，材料費以外に残業手当が発生します。そこで残業分のキャッシュ減分が生じます。たとえば残業手当が1,000,000円発生する場合には

キャッシュ増分：2,500 × 3,000 個 = 7,500,000

キャッシュ減分：1,500 × 3,000 個 + 1,000,000 = 5,500,000 　∴ + 2,000,000 円

残業手当以外に，人員や設備を増やさなければ注文に応じられない場合には，その分のキャッシュが減少します。

③ 残業できない場合：

フル生産でしかも残業できない状態で注文を受けると，現在生産している製品を特別注文にまわすことになります。すると

キャッシュ増分：2,500 × 3,000 個 = 7,500,000

キャッシュ減分：4,000 × 3,000 個 = 12,000,000 　　　∴ − 4,500,000 円

この例題からわかるように，注文を受ける側の状況によって制約は変わるので，同じ案件でも将来生じるキャッシュフローは異なります。現在の生産状態を考えて案件を選択することが大切です。

制約について

制約について大切なことを整理しておきましょう。

第1に、最も重要な制約は、変化しやすい顧客の需要、つまり市場だということです。今売れる製品は何か、この製品には顧客がいるのかという情報が制約になります。制約は製品の需要と生産能力の関係によって決定されるので、顧客がいない製品は在庫になり、キャッシュ減分です。しかし、顧客がいる製品は売上になり、キャッシュ増分です。顧客がいるかどうかが重要な制約となります。

第2は、制約が移動するということです。表1. では、需要が時間当たり4単位以上であれば、工程2が制約となって工場全体で4単位以上は生産できません。このボトルネックとなっている工程2を管理することが大切です。この工程2の活動量を高めることができれば、完成する製品が増加するからです。

表1.

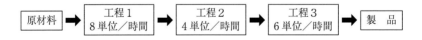

では、需要が時間当たり10単位あるとしましょう。この需要にこたえるためにボトルネック工程2へ新設備が導入され、その結果、工程2は時間当たり12単位の生産が可能になったとします。そうすると、工場の生産量は1時間当たりいくつになるでしょうか。表2.からわかるように1時間当たり6単位です。工程2の制約が緩められボトルネックでなくなると、今度は新たな工程3がボトルネックとなります。1つのボトルネックが解消されると、新たなボトルネックが別の場所に発生します。このように工場内の生産量が市場の需要

を満たすまで工場内にはボトルネックが発生し、改善活動を続けてもボトルネックは移動していきます。そして工場の生産量が市場の需要を超えると、工場内にあった制約は工場の外へと移動します。工場から市場に移った制約は、販売促進・広告宣伝活動や販売価格の値下げなどの需要の拡大策によってゆるめられていくのです。このように制約は永久に続きます。

表2.

　第3に、木下工業の例題からわかるように、生産能力制約と市場制約ではそのキャッシュフロー効果が大きく異なります。生産能力制約（好況時）の状態では、ボトルネックを管理することがキャッシュフローの増大に結びつくので、企業内部の不良率の改善やリードタイムの短縮などの効果が大きくなります。一方、市場制約（不況時）の状態ではボトルネックが企業外部にあると考えられるので、企業内での改善効果は小さくなり、企業外部の需要を喚起するような活動や新製品開発への投資などが効果を発揮します。一般的には、好況時にはラインの増設などの設備投資を行い、不況時には原価節減に努めるといわれていますが、制約とキャッシュフローの観点から考えるとその逆で、好況時は手堅く会社内部の改善に心がけ、不況時にはむしろ積極的な経営が効果を上げると言えます。好況時の設備投資は、ともすると需要を上回る設備投資を生み、結果として自ら市場制約の状態に陥る危険性があります。自ら不況を作り出すことになれば、そのときになって原価節減の改善活動を行っても効果は小さいのです。

　以上のように、キャッシュフローと制約は密接に関連しており、いろいろな制約を考慮して意思決定し、最適選択をすべきです。

減価償却について

　建物，機械，備品などの固定資産は，時間の経過によって価値が減少します。このような資産を減価償却資産といいます。

　減価償却資産の取得にかかった金額は，全額がその期の費用になるのではなく，その資産を使用する期間にわたって各期に負担させます。つまり，減価償却とは，取得原価を耐用年数の各期に規則的に配分する手続きです。減価償却では定額法と定率法という2つの方法がよく使われます。定額法では毎年一定額が償却額となりますが，定率法では一定率で償却します。ここで説明する減価償却費の計算は，平成23年のわが国の改正税法に基づくものです。

　では，取得原価100万円，法定耐用年数5年の設備を例として減価償却費を計算してみましょう。

① 　定額法：100万円（取得原価）÷5年（耐用年数）＝20万円

（単位：万円）

年　度	1	2	3	4	5	合　計
期首簿価	100	80.0	60.0	40.0	20.0	－
減価償却費	20.0	20.0	20.0	20.0	20.0	100
期末簿価	80.0	60.0	40.0	20.0	0.0	－

② 　定率法：

定率法の償却率は定額法の償却率の2倍と決められています。

　定額法の償却率＝1÷5（耐用年数）＝20％

　定率法の償却率＝20％×2＝40％

期首簿価に一定率を乗じます。

1年目：$100 \times 0.4 = 40$

2年目：$(100-40) \times 0.4 = 24$

3年目：$(100-40-24) \times 0.4 = 14.4$

4年目：$(100-40-24-14.4) \times 0.4 = 8.64$

改正税法では，取得原価に保証率を掛けた額を「償却保証額」といい，償却額が「償却保証額」に満たなくなった年以降は毎年同額となります。耐用年数が5年の場合の保証率は下の表から0.10800ですから，100万円×0.10800＝10.8万円が償却保証額となります。4年目の償却額8.64万円が最低保証額10.8万円を下回ったので，この年度から償却率を変更して，改定償却率0.5による定額償却となります。

　4年目：$(100-40-24-14.4) \times 0.5 = 10.8$

　5年目は4年目末での未償却残高を償却します。

　$100-40-24-14.4-10.8 = 10.8$

（単位：万円）

年　度	1	2	3	4	5	合　計
期首簿価	100.0	60.0	36.0	21.6	10.8	－
減価償却費	40.0	24.0	14.4	10.8	10.8	100
期末簿価	60.0	36.0	21.6	10.8	0.0	－

減価償却率表

耐用年数	定額法 償却率	定率法 償却率	定率法 改定償却率	定率法 保証率
2	0.500	1.000		0.000
3	0.334	0.667	1.000	0.11089
4	0.250	0.500	0.500	0.12499
5	0.200	0.400	0.500	0.10800
6	0.167	0.333	0.334	0.09911
7	0.143	0.286	0.334	0.08600
8	0.125	0.250	0.334	0.07909
9	0.112	0.222	0.250	0.07126
10	0.100	0.200	0.250	0.06552

（参考）定率法による減価償却費の計算は，期首簿価A，償却率rとすると次のように表されます。

	1	2	3
期首簿価	A	$A(1-r)$	$A(1-r)^2$
減価償却費	Ar	$Ar(1-r)$	$Ar(1-r)^2$
期末簿価	$A-Ar = A(1-r)$	$(1-r)(A-Ar) = A(1-r)^2$	$(1-r)^2(A-Ar) = A(1-r)^3$

　このことから，定率法の減価償却費は，（前期の償却額）×（1－償却率）となります。

演習問題

[1.1] 岡本産業では，コピー機をリースで借りることを検討している。A社のコピー機は，月額20万円のリース料と，紙代や電気代などコピー枚数に比例してかかる費用が1枚当たり8円である。B社のリース料は月額30万円，1枚当たりの費用は6円である。次の一連の問いに答えなさい。

① どのようにコピー機を選ぶのがよいか。
② 月間のコピー枚数は40,000枚程度である。A社のコピー機を導入したが，正しい決定だったか。コピー費用の総額はいくらか。コピー1枚当たり費用はいくらか。
③ コピー40,000枚の内訳は，営業1課が8,000枚，営業2課が32,000枚である。コピー料金はどのように負担するのがいいか。なお，営業1課の人数は200人で売上は月間1億円，営業2課は40人で1.5億円である。
④ 印刷会社のC社が，コピーの代行を申し入れてきた。コピー料金は1枚12円である。C社に発注する方が有利だろうか。
⑤ 隣のビルのD社から「コピー機が故障したので貸してほしい」という依頼があった。10,000枚で10万円支払うという。引き受けるか。
⑥ 月間のコピー枚数が200,000枚に急増しそうである。そこでB社のコピー機に取替えることを検討したが，B社に取替えてもA社とのリース契約期間はまだ残っているので，月間の賃借料は支払わなければならない。取替えは有利か。
⑦ B社のコピー機をリースすることに決定した。その結果，A社とB社の2台のコピー機をレンタルしている。そこで，担当課長は，①の結果から，コピー枚数が50,000枚以下ならA社，50,000枚以上ならB社のコピー機を利用する方がいいという。これは正しいか。

[1.2] 同じ機能を果たす2種類の機械A，Bがある。どちらの機械もリース期間1年で賃借する。リース料と固定的な維持費の合計は，月当たりA機が

1,200万円，B機が2,000万円である。一方，製品1個を生産するために要する材料費と加工費は，A機では1,000円，B機は750円である。月間の生産量は25,000個である。

① A・B両機ともリースして導入している場合，どちらの機械を使用した方が有利か。
② A機のみリースして導入している場合，このままA機を使用するか，それともB機をリースして導入する方が有利か。
③ B機のみリースして導入している場合，このままB機を使用するか，それともA機をリースして導入する方が有利か。
④ A・B両機とも導入していない場合，どちらの機械をリースして導入する方が有利か。

[1.3] 菊池パンは小さなパン屋である。フランスパンは最近発売したパンで，作るのに工夫がいるし時間もかかるが大変評判が良くいつも売り切れている。食パンは永年製造してきたパンで，1日平均10%程度の売れ残りが生じる。1個当たりの損益は以下の表である。フランスパン，食パンとも専用の機械を1台ずつ使用して，1日にフランスパンは50個，食パンは250個作っている。この表の人件費は従業員1人の給料25万円を，また設備費は店舗の賃借料や調理設備の減価償却費30万円を2台の機械に配分してから1個当たりに換算している。1日10時間生産，1月は25日とする。

1個当たり損益 (単位：円)

	フランスパン	食パン	月　額
販売価格	300	100	937,500
材料費	40	30	237,500
人件費	100	20	250,000
設備費	120	24	300,000
利益	40	26	150,000
売残り率（%）	0%	10%	
1日の生産数量（個）	50	250	

以下の場合，フランスパンと食パンのキャッシュフローはどう変化するか。①〜⑥については，フランスパンと食パンの両方で考えなさい。

① 店員が客にパンを渡すときに誤って1個落としてしまった。
② いつもパンを10個まとめ買いしてくれる客からキャンセルの連絡がはいった。
③ 製造の過程で不良品が2％発生して，売り物にならなかった。
④ 都合で2時間開店する時間が遅れて，その分生産できなかったが，客は減らなかった。
⑤ ある日，原料の小麦粉の品質がよくなかったので返品したため，1日製造できなかった。
⑥ ある日，原料の小麦粉の品質がよくなかったので，別の小麦粉に変更したため材料費が2倍かかった。
⑦ フランスパンはいつも売り切れた後に客が10人ほど来る。
⑧ 食パンの宣伝のチラシをいれると10,000円かかるが，客が7日間10％増える。
⑨ 食パンを10％値下げして販売すると，客が1カ月間5％増える。
⑩ 売れ残った食パンは，40円に値下げして閉店までに完売させることにしている。店員が誤って食パンを1個落とした。

[1.4] ホットドッグとコーヒーだけを作って移動販売している小さなカフェがある。経営者と従業員1人が働いている。ホットドッグとコーヒーの材料は，販売数量に比例してかかる費用だが，その他に人件費が月額30万円，車や設備の減価償却費などの固定的な諸経費が月額15万円かかる。ホットドッグとコーヒーは単品でもセットでも販売しており，毎月ほぼ合計2,500個（杯）ずつである。客はあまり多くないので生産能力が余っている状態である。ホットドッグとコーヒーの1個（杯）当たりの損益は以下の表である。このカフェで以下の場合，いくら損をしたか。

1個当たり損益　　　　（単位：円）

	ホットドック	コーヒー	セット	
販売価格	300	150	400	
材料費	90	20	110	
人件費	60	60	120	(300,000円÷5,000)
固定経費	30	30	60	(150,000円÷5,000)
利益	120	40	110	

① 店員がコーヒー1杯を客に渡すときに落とした。
② ホットドックとコーヒーをセットで注文した客が急用でキャンセルしたが，ホットドックもコーヒーもできあがっていた。
③ ②のセットを他の客に回すことができた。
④ ホットドックを注文した客からクレームがついて作り直した。
⑤ 店員の不注意でセットを食べた客から代金を受け取り忘れた。
⑥ コーヒーを飲んだ客が代金を払わずに逃げた。

[1.5] 竹内工業の工場では最近の不況によりかなり設備に余裕が生じている。現在の工場の人員と設備では月産1,000kgの生産能力があるが，現状では月産600kgにとどまっている。経理資料によると製造原価は以下である。この製品の1kg当たり販売価格は16万円なので利益は4,000円，月間で240万円である。

1kg当たり原価　　　（単位：円）

材料費	35,000	
補助材料・電力費	16,000	
直接労務費	50,000	(3,000万円÷600kg)
間接経費	25,000	(1,500万円÷600kg)
減価償却費	30,000	(1,800万円÷600kg)
合計	156,000	

① 月産100kgの特別注文が来た。この注文は現在の人員数と設備で生産できる。1kg当たりの価格がいくら以上であれば，この注文を受けるか。経理課では最低156,000円以上だというが，正しいだろうか。

② この先1年間にわたって月産500kgの注文がきた。この注文をこなすには，人員を増やす必要があり，直接労務費は月当たり800万円増えるという。1kg当たりの価格がいくら以上であれば，この注文を受けるか。

[1.6] 井上商会では，新規事業として天然資源の精製事業を行うために製造部門を立ち上げた。当初，海外の安価な原料を精製すれば，下の表のように相当の利益が期待できた。販売価格は40,000円／kg，原料費は13,500円／kg，年間生産量は48,000kgの予定であった。

当初の年次見積損益計算書 (単位：千円)

売上高	1,920,000
原料費	648,000
変動加工費	192,000
直接労務費	480,000
減価償却費	240,000
固定経費	120,000
営業利益	240,000

ところが，事業を立ち上げてみると，原料の品質が悪く不良率も高いことがわかった。そこで，高品質の原料に変更したが，悪天候のために原料価格が当初の予定の2倍に跳ね上がり，営業損失が予想された。

この状況をみて，製造部長はただちに生産を一旦中止させた。

ちょうどそこへ海外の商社から余剰設備を利用して別の原料精製事業が舞い込んできた。販売価格は20,000円／kg，月1,000kgの注文である。これは当初予定していた販売価格の半額であり，しかも受注量もきわめて少ない。この注文を受けると，原料費は10,000円／kg，精製加工のために4,000円／kgの

変動加工費が必要となる。この注文は引き受けるべきだろうか。
① 原料が高騰して，営業損失が予想されたときの年次見積損益計算書を作成しなさい。
② 生産を中止したときの月次損益計算書を作成しなさい。
③ 注文を受注したときの月次損益計算書を作成しなさい。
④ キャッシュフローの増減で考えて，この注文を受けるべきか。

[1.7] 高田工業は精密機器の部品を生産している小さな会社である。現在，正規時間内で月間 10,000 個生産しており，製品1個当たりの損益は以下である。作業時間は 240 時間（正規時間 200 時間，残業 40 時間），人件費は1人月額給与 20万円で5人が働いている。最近開発された機器の需要が拡大しているので，残業による増産を検討している。残業すると1個当たり原価が増大するというが，利益はどうなるのだろうか。残業によって月間 1,500 個程度の増産が可能で，残業手当は正規時間給与の 40% 増を支給する。

製品1個当たり損益　　（単位：円）

販売価格	400	
材料費	60	
変動加工費	40	
人件費	100	(1,000,000 円 ÷ 10,000 個)
設備費	50	(500,000 円 ÷ 10,000 個)
利　益	150	

① 残業によって増産した場合の1個当たりの製品原価と利益を計算しなさい。
② 残業によって増産した場合のキャッシュフローの増減を計算しなさい。

[1.8] 大島さんは，ペット商品 A を自宅で通信販売している。この商品は，海外の小さな工場から仕入れ，ネットで販売している。在庫の場所は自宅で保管しているので保管費はかからないが，家賃と固定的な経費がかかる。最近

1カ月の売上はほぼ100個で，以下のように損益データをつかんでいる。家賃は月額24万円を，その他の固定的経費は月額12万円を販売数量100個で割って求めている。商品Aの販売価格は8,000円である。今，大島さんは，新たに商品Bを扱うことを検討している。商品Bは商品Aとほぼ同じ大きさなので送料は変わらないが，仕入単価が2,500円である。

商品Aの1個当たり原価 （単位：円）

仕入単価	1,500	
送　料	500	
家　賃	2,400	(240,000円÷100個)
固定経費	1,200	(120,000円÷100個)
原価合計	5,600	

① 商品Bを100個仕入れた。1個当たりの原価はいくらか。
② 商品Bを1個4,000円で100個購入したいという客がいる。販売するか。その場合，利益はいくら増えるか。

[1.9] 4種類の製品ラインで生産販売している奥本工業では，人も設備も余裕があるので，余った時間で4種類のうちどの製品を増産すべきかを検討している。4種類の製品の生産時間はほぼ同じである。最近の月産はそれぞれ1,000個で，各製品の1個当たりの損益は以下である。

製品別損益（1個当たり） （単位：円）

	A	B	C	D
販　売　価　格	1,200	500	1,400	900
材料・消耗品費	350	50	900	300
変 動 加 工 費	500	50	200	150
直 接 労 務 費	100	200	50	220
各種の間接経費	50	50	100	100
減 価 償 却 費	50	100	50	100
利　　　　　益	150	50	100	30

① 各製品の売上高利益率を求めなさい。
② どういう順番で増産するのがいいか。
③ 製品Aは販売促進を強化すると，需要が500個程度増えると予想される。販売促進費をいくらまでかけてもいいか。

[1.10] 半藤工業では，毎月3種類の製品A，B，Cを1,000個ずつ生産して親会社に納めている。どの製品も生産に要する時間は同じである。原価計算によると1個当たりの損益は以下である。直接労務費は月額1,800万円を生産時間に比例させ，間接経費は直接費（直接材料費と直接労務費の合計額）を基準として月額2,000万円を各製品に配賦している。

製品別損益（1個当たり）（単位：円）

	製品A	製品B	製品C
販 売 価 格	20,000	30,000	40,000
直接材料費	5,500	16,000	25,000
直接労務費	6,000	6,000	6,000
間 接 経 費	3,566	6,822	9,612
利　　　益	4,934	1,178	−612

① 現在の月間の利益はいくらか。
② 直接労務費を基準として間接経費を配賦した場合の製品別損益を求めなさい。
③ 月間の利益を最大にするにはどの製品を生産・販売するのがよいか。そのときの利益はいくらか。
④ 親会社から製品Cを中止して，製品Aを200個増やしてほしいという要請がある。この場合はいくら利益増になるか。
⑤ 親会社から製品Cを中止してほしいという要請がある。いくらの利益増になるか。

[1.11] 秦産業は創立以来立派な業績をあげてきたが，2000年代になって初めて経常損失を計上したため経営陣が大幅に交代した。マーケッテイング出身の新しい社長が最初に行ったのは原価計算だった。製品別の原価計算によって製造原価が赤字見込みの製品の生産を中止した。

製品別原価計算表（1個当たり）　　　　（単位：円）

	A	B	C	
販売価格	1,900	1,400	2,400	
材料費	500	500	400	
人件費	1,000	500	2,000	
設備費	333	167	667	
利益	67	233	−667	
生産時間（分）	0.4	0.2	0.8	純利益
生産量（個）	10,000	20,000	5,000	2,000,000

　この表の人件費は月間総額3,000万円を，設備費は1,000万円を各製品の生産時間を基準にして，各製品に配賦している。
　① 赤字製品Cの製造を中止した場合の損益計算書を作成しなさい。
　② 製品Cを中止する前後のキャッシュフローを比較しなさい。
　③ 製品Cを中止してよかったか。どうする方がよかったか。

[1.12]
　① 1カ月2万円，6カ月間有効な通勤定期を12万円で購入した。2カ月使用した時点で転勤することになり，駅に払戻しを相談したところ，手数料などを差し引かれ手取り35,000円にしかならないという。この通勤定期を売ることができるとしたら，いくら以上で売るか。
　② ビール1本（600円）を注文したが，半分残ってしまった。残り半分を飲まないと300円損をするか。
　③ パソコンをA商店から10万円で買うために，手付金として3万円を支

払った。ところが同じパソコンがB商店では6万円で売りに出ていることがわかった。B商店から買うと，手付金は返金されない。どちらから買うか。
④ Tシャツの安売りセールで1枚Tシャツを買った。このセールでは，1枚買うと2枚めがただになり2枚買うことができた。Tシャツは通常1枚3,000円。さて，2枚のうちの1枚を売るとしたらいくらで売るか。

[1.13] 中山産業では，親会社の新製品への切換えにともなって部品の切換えを検討している。旧製品Aの部品の購入単価は500円であり，在庫が10,000個ある。一方，新製品Bの部品は購入単価が800円である。
① 新製品Bに切換えると，旧製品Aの部品は不要になるが，今なら100円ほどで処分可能であるという。どうするのが良いか。
② 旧製品Aの部品は処分してもゼロだが，1個当たり350円コストをかけて手直しすると，新製品Bの部品として代替可能であるとしたら，どうするのが良いか。

[1.14] 取得価額100万円，耐用年数が3〜10年の場合の各期の減価償却費を定率法によって求めなさい。

[1.15] 平野製作所の生産技術部の松井課長は，特殊旋盤工機械Xを500万円で購入したが，使い始めてから間もなく高性能で操業費用の安い機械Yが400万円で発売された。機械Xを使えば毎年操業費用が200万円かかるが，機械Yを使えば同じ仕事をするのに操業費用はわずか50万円ですむという。
松井課長は早速，機械Xの下取りをメーカーと相談したが，今売ってもほとんど捨て値に近く，取替えの手間や費用を考えると処分収入はゼロだという。いずれの機械もあと5年間使えるが，このまま機械Xを使い続けるか，機械Yに取替えるかのいずれかである。
「この機械Xはまだ買ったばかりで，まったく減価償却していないので帳簿上では500万円。これを取替えた場合，処分収入がゼロなら500万円の損にな

る（帳簿上は処分損）。機械Yは400万円出せば買えるが，機械Xの500万円の損とあわせて900万円投資したことになる。それによって，操業費用は機械X200万円が機械Y50万円になり，150万円安くなっても，5年間で750万円にすぎない。だからこの取替えは損だ。」

① キャッシュフロー計算では機械Xをこのまま使うのと，機械Yに取替えるのとではどちらがどれだけ有利か。金利を無視して考えなさい。
② 損益計算上，このまま機械Xを使って減価償却していく場合，これからの5年間の総費用を（1）定額法，（2）定率法で計算しなさい（取得原価500万円，耐用年数5年，残存価額はゼロ，定率償却率は0.4，保証率0.108，5年後の処分価値はゼロとする）。
③ 損益計算上，機械Yに取替えた場合，これからの5年間の総費用を（1）定額法，（2）定率法で計算しなさい。
④ 以上のことからわかることは何か。
　（1）キャッシュフロー計算と損益計算（財務会計）の違い
　（2）松井課長の決定について

[1.16] 高橋工業の工場では古くなった設備の取替えを検討している。古い設備は，3,000万円かけて修理を行うと寿命が10年間延びるが，年間500万円の維持保全費用がかかる。一方，新しい設備を購入すると8,000万円かかるが，古い設備を1,000万円で売却することができる。古い設備の帳簿残高は3,000万円である。修理した方がよいか，新設備購入の方がよいか。金利を無視して考えなさい。

[1.17] 澤地興産の製造部門では，設備A（取得原価4,000万円，耐用年数8年）を3年間使用し，定額法で年500万円ずつ償却してきた。最近，毎年の人件費が700万円節減される新型設備Bが発売された。設備Bの使用期間は5年，価額は3,000万円である。設備Bに取替えた場合，設備Aを売却することになるが，その売却収入は300万円にしかならないので，会計上は固定資産処分損が生じる。この取替えは経済的に引き合うか。金利を無視して考えなさい。

[1.18] 南商会では工場を閉鎖することになった。閉鎖に伴って工場設備と土地は売却する予定である。設備の撤去と整地費用の見積もりは以下である。

工場設備は取得原価150億円，減価償却累計額60億円，予想売却価格10億円。
土地は取得原価40億円，売却予想価格90億円。
設備の撤去費用は20億円。整地費用は5億円。

この資料から工場閉鎖に伴う会計上の損失とキャッシュフローを計算しなさい。

[1.19] 大島商店の小さな工場では毎月100個の製品Xを親会社に納めている。製品1個当たりの損益は以下である。労務費と固定経費は，総額を100個で割って1個当たりを計算している。ある月末のこと，親会社から来月の注文は40個であると告げられた。以下の場合，それぞれのキャッシュフローと利益を計算しなさい。

製品Xの1個当たり損益　（単位：円）

販売価格	4,000
材料費	1,100
労務費	1,600
固定経費	1,000
利益	300

① 40個生産して，40個を親会社に納める場合
② 今までどおり，100個生産して，40個を親会社に納める場合

[1.20] 長尾産業のA製品事業部の製造部長は，マーケットの変化に直面して苦悩している。現在，製品Aを月100トン生産・販売し，トン当たりの損益は次頁の表である。この表の労務費と設備費は月間総額を生産量100トンで割ってトン当たりに換算している。販売費は月額1,000万円，税率を50％とす

る。設備費以外は現金取引と考えてよい。製品の棚卸しは加重平均法による。期首在庫は 100 トンである。

　この製品 A の需要が来月は 100 トンから 75 トンに減ってしまうことが予想されている。製造部長はすぐに減産を提案したが，経理課から減算した場合の資料を見せられて困ってしまった。

製品 A の 1 トン当たり損益（単位：万円）

販売価格	100
材料費・変動加工費	50
労務費	20
設備費	10
利　益	20

損益計算書（単位：万円）

売　　　上	10,000
売 上 原 価	8,000
販　売　費	1,000
営 業 利 益	1,000
税　　　金	500
税引後利益	500

① 現在のまま 100 トン製造して，75 トン販売した場合の損益計算書とキャッシュフローを計算しなさい。
② 減産して 75 トン製造して，75 トン販売した場合の損益計算書とキャッシュフローを計算しなさい。

[1.21] 月末に近づくある日のこと，浅田興産の工場長は今月の出荷製品の原価が上昇していることに気が付いた。今月は，材料や燃料の高騰とともに出荷量の減少がひびいて生産コストを押し上げている。そこで，来月分の見込み生産した場合，今月分の製品の原価がいくらになるか検討してみることにした。1 個当たりの材料費は 300 円，加工費は 450 円である。月額の労務費は 360 万円，固定経費は 120 万円。今月生産量は現在 6,000 個だが，8,000 個に増産することを検討する。

① 6,000 個生産する場合の製造原価を求めなさい。
② 8,000 個生産する場合の製造原価を求めなさい。
③ キャッシュフローはどのように変わるか。

[1.22] 長尾商事は，年間売上1,200万円，売上原価850万円，利益は350万円で，ほぼ順調である。法人税率は40%なので，350万円×40%=140万円の税金を支払っている。現在，売れる見込みのない商品Aの在庫が倉庫に10,000個ほどあるので，何とかこの在庫を売りさばこうと考えている。仕入原価は150円，送料などで100円かかったので，これを400円で販売しようと考えていた。今なら50円でいくらでも販売できるが，赤字が出てしまうことが心配で処分できない。どうしたらいいだろうか。すべての取引を現金として考えなさい。

[1.23] 小林工業では，1カ月の勤務時間240時間（正規時間200時間，残業時間40時間）のうち設備の保全・修理と作業の段取りなどに平均40時間かかっているので，正味の機械稼働時間は1カ月200時間である。月間の生産量はフル操業（実働200時間）で20,000個であるが，そのうち10%が不良品で廃棄されている。フル操業時の製品1個当たりの原価は下の表である。直接労務費の正規時間分は月給制（月額800万円，1時間当たり4万円）で，残業時間にはその40%増の残業手当が支払われる。固定経費は月額600万円である。この表の直接労務費と固定経費は月間総額を20,000個で割って求めている。また，変動加工費は実働時間に比例してかかる費用で1時間30,000円である。この製品1個の販売価格は2,500円である。

製品1個当たり原価　（単位：円）

材料費	1,000	
変動加工費	300	(30,000円÷100個)
直接労務費	512	(8,000,000円 + 40,000円×40h×1.4)÷20,000個
固定経費	300	(6,000,000円÷20,000個)
合　計	2,112	

以下の①から⑦の改善を行う場合，その各々の効果はいくらか。
(1) 需要が月間20,000個以上ある場合

(2) 需要が月間 13,500 個しかない場合
① 不良率を 10% 減らすことができる。(9 % になる)
② 保全・修理・段取り等の時間を 10% 減らすことができる。
③ 材料の消費量を 10% 減らすことができる。
④ 売価を 10% 上げることができる。
⑤ 生産スピードをアップさせて，時間当たりの産出量を 10% 増加させることができる。
⑥ 販売促進のために 50 万円の宣伝広告をすると売上数量が 10% 増加する。
⑦ 売価を 3 % 値下げすると，売上数量が 10% 増加する。

[1.24] 小島工業では 1 種類の製品を 1 工程で作っている。製品の売価は 1 個 1,800 円。1 個当たりの原価は下の表のように材料費と変動加工費が 600 円，労務費と設備費は，正規時間内の月額労務費 75 万円と設備費 100 万円を製造数で割って換算している。月間製造数は 2,500 個であるが，製品の 20% が不良品になっているので良品は 2,000 個，不良品は 1 個 100 円で売却処分されている。以下の場合，それぞれの効果はいくらか。

製品 1 個当たり原価　　（単位：円）

材料費・変動加工費	600	
労務費	300	(750,000 円 ÷ 2,500 個)
設備費	400	(1,000,000 円 ÷ 2,500 個)
合　計	1,300	

(1) 需要が 1,600 個の場合
(2) 需要が 2,500 個の場合
① 不良損失はいくらか。
② 不良率を 20% から 10% にする方法を検討している。この改善のためのコストはいくらまでかけることができるか。

③ 不良率が10%に改善された。しかし，機械の故障が増えて，停止時間が月間10時間生じている。生産スピードが1時間10個だとすれば，停止損失はいくらか。

[1.25] 山下製作所では押出成形機1台を使って合成樹脂製品を作り，親会社に毎月納めている。押出成形機の減価償却費や設備費などの固定経費は月額540万円，作業員の月間の勤務時間は180時間で，給与は月額360万円である。生産は1時間に100個，正規時間に18,000個の生産が可能であり，残業時間は50時間（5,000個）まで可能で40%増の残業手当を支払う。材料費は1個100円，変動加工費は1時間3,000円（1個30円）の時間比例費である。親会社への納入価格は1個1,000円である。

製品1個当たり原価　　（単位：円）

材料費	100	
変動加工費	30	(3,000円 ÷ 100個)
労務費	200	(3,600,000円 ÷ 18,000個)
固定経費	300	(5,400,000円 ÷ 18,000個)
合　計	630	

販売価格600円で2,000個の臨時注文がきた。親会社からの注文が毎月以下の場合，この注文を受けると利益はいくらか。
① 15,000個の場合
② 20,000個の場合
③ 25,000個の場合

[1.26] 高島工業は親会社の製品の一部を下請け加工している。工作機械は月額120万円で賃借し，従業員は4人，1人月額25万円の給与を支払っている。1日8時間生産して200個（1時間25個）作ることができる。月間の稼働日数は25日，月間5,000個の生産が可能であるが，現在は4,000個程度生産をしてい

る。材料費は1個100円。加工費は消耗品や電気代で1日平均30,000円かかり，稼働時間に比例する費用である。親会社から前月末までに注文量が連絡され，1個1,000円で納めている。注文が多いときは，従業員に時給の40％増で40時間（1,000個）までの残業をさせることができる。

1個当たり原価　　（単位：円）

材料費	100	
加工費	150	(30,000円÷200個)
労務費	250	(1,000,000円÷4,000個)
設備費	300	(1,200,000円÷4,000個)
合　計	800	

現在，生産に余力が生じているので，他社からの注文を受けようと考えている。以下のような注文が来た場合，それぞれいくら以上の価格で受けるか。

① 　800個
② 　1,600個
③ 　2,400個

第2章　金額か効率か

　前章では,「意思決定は, 将来生じるキャッシュフローを測定して比較する」と述べましたが, 実はキャッシュフローだけでは意思決定ができない場合があります。それはどのような場合でしょうか。その場合どうすればいいでしょうか。

　キャッシュフローは現金の入金と出金のことですから, キャッシュフローによって表すことができるのは「金額」です。一方, 利益率などキャッシュフローの効率を表す「率」があります。「金額」は大きいが「率」は小さい,「金額」は小さいが「率」は大きいというときには, どのように考えればいいのでしょうか。じつは,「金額」と「率」では使える場合が異なるのです。つまり, キャッシュフローのような「金額」が使える場合と, キャッシュフローの「率」が使える場合があり, それぞれを使い分けなければ正しい意思決定はできません。

　この章では表やグラフを作成して理解することが重要です。

　そして, ここでも大切なことは,「制約」です。

2-1. 金額か率か

ここに2つの案件があります。どちらを選んだ方がいいでしょうか。

案 件	投資額	リターン	利益額
A	100万円	130万円	30万円
B	200万円	240万円	40万円

A案は100万円投資すると，130万円のリターンが得られますから，利益は30万円です。B案は200万円投資すると，240万円のリターンが得られるので利益は40万円です。B案の方がA案より10万円利益が大きいので，B案が選択されます。しかし，利益が大きいということを基準にしていつも選択していいのでしょうか。

案 件	投資額	リターン	利益額	利益率
B	200万円	240万円	40万円	20%
C	1,000万円	1,040万円	40万円	4%

たとえば，ここに1,000万円投資すると1,040万円のリターンが得られるC案があります。C案の利益も40万円です。B案とC案の利益は同じ40万円ですが，C案は1,000万円投資が必要である一方，B案は200万円です。同じ利益を得られるとしても投資額がこれほど違うと，これらの投資案の価値が等しいとは考えないでしょう。このような時には，投資額の規模を考慮して利益を投資額で割った「利益率」で比較することが考えられます。利益率で考えると，B案が選択されます。

案　件	投資額	リターン	利益額	利益率
A	100万円	130万円	30万円	30%
B	200万円	240万円	40万円	20%

では，利益率が高いということを基準にして選択していいのでしょうか。

初めのA案とB案の利益率を比較してみましょう。するとA案の方がB案より利益率が高いことがわかります。このことから，「A案の方がB案よりもいい」と言えるでしょうか。A案とB案を比べれば，利益率が高いのはA案，利益が大きいのはB案です。

このように，利益（金額）と利益率（効率）のどちらを基準として選択するかによって異なった案件が選択されます。この「金額」はキャッシュフロー，「効率」はキャッシュフローの効率のことです。この使い分けは，何で判断されるのでしょうか。

2-2. 案件のタイプ

　ここに３つの案件があります。どのように選択したらいいでしょうか。

案　件	投資額	リターン	利益額	利益率
A	100万円	130万円	30万円	30%
B	200万円	240万円	40万円	20%
C	300万円	350万円	50万円	17%

　利益率が最も高いのはA案，最も低いのがC案です。一方，利益が最も大きいのはC案，最も小さいのがA案です。この利益とはキャッシュフロー，利益率とはキャッシュフローの効率のことです。キャッシュフローの効率とは，この場合キャッシュフローを投資額で割った値です。
　今，手元資金が300万円あるとして考えてみましょう。この３つの案件の中から１つの案件しか選べないとしたら，どれを選びますか。当然C案を選ぶでしょう。なぜなら，１つしか選べないので手元資金で投資できる案件の中から１番キャッシュフロー（利益）が大きい案件を選ぶからです。
　では，３つの案件の中からいくつでも選べるとしたらどうでしょうか。手元資金が300万円しかありませんから，何かを基準にして選択しなければなりません。このような場合にはキャッシュフローの効率を基準にすると総額としてキャッシュフローが最大になります。つまり，キャッシュフローの効率の大きい順に手元資金の範囲内で選択すればいいのです。手元資金300万円の範囲で利益率の大きい順に選ぶとA案とB案が選択されます。その時のキャッシュフローの総額は70万円です。
　このように，意思決定を行う場合にキャッシュフローとキャッシュフローの

効率のどちらを基準とするかは，案件の相互関係によって異なります。案件の相互関係が1つしか選べない場合は，キャッシュフローの大きなものを選びますが，いくつでも選べる場合は，キャッシュフローの効率の高い順に選んだ方が全体として利益が大きくなります。この「案件の相互関係」にはどのようなタイプがあるのでしょうか。

案件の相互関係には3つのタイプがあります。
① 独立案：ある投資案の選択が他の投資案に影響しない関係にある場合を「独立案からの選択」といいます。たとえば，今年はどの町に出店しようか，数ある注文の中からどれを引受けようか，特設売り場にどれを出品しようか，今年度の予算でどのように設備を組み合わせて購入しようかなど，投資案がそれぞれ独立しており，案件を自由に組み合わせて選択することが可能なタイプです。
② 排反案：投資案のうち1つを選択すると他の投資案に影響して選択できなくなる関係にある場合を「排反案からの選択」といいます。たとえば，どちらの設備に取替えようか，何人の人を雇用しようか，何階建ての工場を建設しようか，工場や事務所のレイアウトを決める問題など，1つの案件を選択すると他の案件は選択できない関係がこのタイプです。
③ 混合案：それぞれ独立的な投資案の中に排反案が含まれている場合を「混合案からの選択」といいます。たとえば，工場内の運搬工程，検査工程や製造工程などで使用する機器の候補がいくつかあるとき，工場全体として最適になるように計画したい場合，各営業所や工場で選択された案件を本社で一括して決定する場合など，それぞれの場所では案件は排反的ですが，全体からみると独立的という案件の相互関係がこのタイプです。

そして，前章で説明しましたが，「生産能力制約」と「市場制約」が案件の相互関係に影響します。

2-3. 独立案（1）
制約のある場合

　斉藤君は新入社員です。初めての給料で何を買おうかと考えています。いろいろ買いたいものはあるのですが，それぞれ支払う金額と得られる満足を比較して，最近聴きたいCD，以前から読みたい本，今評判の映画，前から行ってみたかったカフェでランチの4つの候補に絞りこみました。これらの候補は，他の候補に影響されることなく，それぞれ独立に選択するかどうかを決めることができます。CDを買うことはランチに行くことと関係なく決定できます。このような案件の関係を「独立案」といいます。

　しかし，斉藤君の予算は1万円です。4つの候補にかかる金額を計算したところ，予算内では全部支払うことができません。資金が制約になっているので，どれかを諦めなければなりません。このような案件の状態を「制約のある独立案」といいます。

　この「制約のある独立案」では，どのように選択するのでしょうか。斉藤君の場合は，支払う金額の範囲内で最大の満足を得られるようにしたいのです。支払った金額に対する満足の度合いを基準にして買う順位を決めなければなりません。

　前章では，「生産能力制約」とは会社の生産能力が小さくて利益を生み出せない状態でした。「市場制約」は需要が少なくて会社の生産に余力がある状態でした。この章では，会社の内部に制約があるかどうかを考えますので，「生産能力制約」を単に「制約」と呼ぶことにします。

独立案（1）
① 誰に貸しますか

　鈴木さんは，定期預金300万円が満期になるので，それを元手に友人A，B，C，Dにお金を貸そうと考えています。A，B，C，Dに貸すお金と返してもらうお金は下の表です。鈴木さんの元手資金は今月末に満期になる年利8％の定期預金です。鈴木さんにとって，A，B，C，Dの4人の候補は独立案です。なぜなら，Aに貸すかどうかは，B，C，Dに貸すかどうかに影響しないからです。しかし，定期預金は300万円しかありませんので，4人全員に貸すことはできません。資金の制約があって，利益を大きくできません。つまり，「制約のある独立案」からの選択です。

投資案	貸す金額	受取る利息	投資利益率	支払う利息	キャッシュフロー
A	100万円	13万円	13％	8万円	5万円
B	200	23	11.50％	16	7
C	300	32	10.70％	24	8
D	400	28	7％	32	－4

　そこで，それぞれの投資案のキャッシュ増減を調べます。キャッシュ増分は1年後に返してもらう金額ですが，キャッシュ減分は，貸す金額だけでなく定期預金に預けていれば生じたはずの利息分を含みます。前章で学習したように，キャッシュフローで考えるときは，将来生じるはずのキャッシュフローも考慮しますから，将来入るはずのキャッシュフローが入ってこない場合，キャッシュを失ったと考えます。これは借金をしたときと同じ結果になります。つまり，元手資金がなく金利8％で資金を銀行から借りてA，B，C，Dに貸す場合と同じです。

独立案からの選択では，キャッシュフローの効率で順位を付けて，限度いっぱいまで選ぶとキャッシュフローが最大になります。この場合の効率をPIC (Profit Index under Constraints) といいます。PICは，制約条件のもとで収益性を表す指標です。

　たとえば，リュックサックにできるだけ品物を詰めて合計金額を最大にすることを想像してみましょう。リュックサックに詰めることができる品物の大きさには限度があり，全部の品物を詰め込むことはできないとします。つまり，体積が制約資源となって増やしたい利益を抑えているのです。このような時に指標となるのがPICです。この場合のPICは，$1cm^3$当たりの利益，つまり品物の金額をその体積で割った値です。PICの順番に品物を詰めていくとリュックサックの中の品物の金額が最大になります。もし重さが制約資源ならばキャッシュフローを重量で割りますし，時間が制約ならばキャッシュフローを時間で割ります。つまり，PICはキャッシュフローを制約している資源の効率，いいかえると制約資源1単位当たりのキャッシュフローを表しています。

$$PIC = \frac{キャッシュフロー}{制約資源}$$

　前頁の鈴木さんの場合，制約資源は手元資金ですから，PICはキャッシュフローを貸すお金で割って求めます。それが下の表のPICです。このPICの高い順に限度いっぱいまで選ぶとキャッシュフローが最大になります。

投資案	貸す金額	キャッシュフロー	PIC	順位
A	100万円	5万円	5%	①
B	200	7	3.5%	②
C	300	8	2.7%	③
D	400	−4	−1.0%	④

　PICの高い順に並べるとA，B，C，Dになります。これをグラフにしたものが右の図です。縦軸にPIC，横軸に資金をとります。するとこのグラフの面

積がそれぞれの人から得られるキャッシュフローを表しています。資金の制約が300万円ですから、左から300万円の制約いっぱいまでを選択すると、AとBが選択され、その時のキャッシュフローの合計は12万円です。もし、資金があと300万円あれば、Cも選択されます。しかし、Dはキャッシュフローがマイナスですから、PICもマイナスです。たとえ資金があってもDは選択されません。

このように、案件の相互の関係が独立している「独立案」で、しかも資金が制約されている「制約のある独立案」からの選択では、PICというキャッシュフローの効率の順位で選択します。

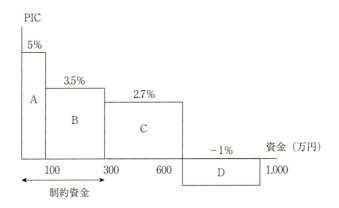

ここで大切なことは、「制約のある独立案」からの選択問題では、「PIC」を基準にして選択することで、決して「キャッシュフロー」を基準にしてはならないということです。この例では「キャッシュフロー」を基準にすると、Cが一番に選択されます。ちょうど300万円の資金制約いっぱいですが、キャッシュフローは8万円にしかなりません。

独立案（1）
② どれを作りますか？

佐藤工業では製品 A から製品 D まで 4 種類の製品を作ることができます。この場合，どの製品を作っても他の製品の生産に影響することがありませんから，独立案からの選択問題です。さて，どの製品を生産したらいいでしょうか。最近の経理資料から製品別損益計算書を作成して，キャッシュフローを求めてみました。

製品別損益計算書　　　　　　　（単位：円）

	A	B	C	D
売　　上	500	600	750	900
材 料 費	200	350	550	500
労 務 費	100	40	200	50
固定経費	150	60	100	250
利　　益	50	150	－100	100
売上高利益率	0.1	0.25	－0.13	0.11
キャッシュフロー	300	250	200	400

第 1 章の 1-6. で製品の収益性はキャッシュフローで測定すると述べました。この例では，製品 1 個を作ると増減する金額がキャッシュフローです。つまり，売上はキャッシュイン，材料費はキャッシュアウトですから，売上から材料費を引いたものが 1 個当たりのキャッシュフローです。労務費と固定経費は 1 個作ったからといって増加しません。1 個当たりのキャッシュフローの高い順に D, A, B, C となります。制約がなければ，この順に生産するのが一番多くのキャッシュフローを生み出すことができますが，1 個当たりの生産時間や重量や体積が異なり，工場全体の生産時間や運搬重量や体積に制限がある場合には，単に 1 個当たりのキャッシュフローで順位付けることはできません。このような制約がある場合にはキャッシュフローの効率，つまり PIC の高い順に順位を付けます。

各製品の生産時間が下の表のように異なり，工場全体での生産時間が200時間に限られているとします。この場合，各製品が1時間に生み出すキャッシュフローがPICとなります。つまり，1個当たりのキャッシュフローを各製品の生産時間で割った値です。

製品別のキャッシュフローとPIC （単位：円）

	A	B	C	D
キャッシュフロー	300	250	200	400
順　位	②	③	④	①
PIC	15,000	5,000	20,000	10,000
順　位	②	④	①	③
1個当たり生産時間	0.02時間	0.05時間	0.01時間	0.04時間
月間販売上限個数	4,000個	2,000個	4,000個	3,000個

　各製品の1個当たりの生産時間と月間の販売上限を掛けると，各製品の生産に必要な時間が求められます。すべての製品を生産するには，Aは80時間，Bは100時間，Cは40時間，Dは120時間，合計で340時間が必要ですが，月間の生産時間は200時間しかありません。そこでPICの順，C，A，D，Bの順で生産することになります。C（40時間）とA（80時間）は販売上限いっぱいまで生産し，Dは残り時間（80時間）で生産します。

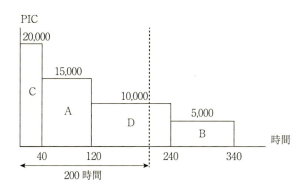

C：40時間　（4,000個×0.01時間）　　　　　4,000個
A：80時間　（4,000個×0.02時間）　　　　　4,000個
D：80時間　　80時間÷0.04 ＝ 2,000個　　　2,000個

独立案（1）
③ どの製品を内作にするか，外注するか

　製品を自社の工場で生産するか，それとも他社に外注して生産してもらうか，どちらが有利か。この問題は独立案からの選択問題です。

　須藤工業では通常の生産時間に40時間分の余裕がありますが，そこへ7つの生産の依頼がきています。それぞれの生産に必要な社内での生産時間，社内での変動費と外注に出した場合の費用は以下です。どの製品を自社で内作し，どの製品を外注するのが有利でしょうか。

仕　事	所要時間	社内変動費	外注費
A	10時間	120万円	160万円
B	10	90	140
C	10	100	135
D	20	140	190
E	20	175	265
F	30	280	340
G	40	360	480

　この問題は，一定の時間内で外注によるキャッシュアウトをいかに少なくするか，という「制約のある独立案」の問題です。ここでも指標となるのはPICです。つまり，外注費と社内変動費の差額が大きいものを社内で生産すれば，外注によるキャッシュアウトを最小にすることができます。40時間の制約の中でこのキャッシュアウトを最小にすること，つまり1時間当たりの差額のキャッシュフローをPICとして，PICの大きい順に内作すればいいことになります。それが次頁の表です。

仕事	所要時間	社内変動費	外注費	差額キャッシュフロー	PIC	順位
A	10 時間	120 万円	160 万円	40	4	③
B	10	90	140	50	5	①
C	10	100	135	35	3.5	④
D	20	140	190	50	2.5	⑥
E	20	175	265	90	4.5	②
F	30	280	340	60	2	⑦
G	40	360	480	120	3	⑤

　この表からわかるように，PICの高い順に選択すると，B，E，Aを内作すること，C，D，F，Gを外注に出すことが，キャッシュアウトを最小にします。もし社内での生産時間を延長することができれば，Cを外注しないで内作する方がよいとわかります。

　このように，「制約のある独立案」からの選択問題では，PICを基準としてキャッシュフローの最大化を目指します。この他にも，倉庫業ではスペースが制約となるので単位面積当たりのキャッシュフローが指標となりますし，運送業では重量が制約となるので単位重量当たりのキャッシュフローが指標となります。また，環境問題でCO_2が総量規制されるときは，CO_2 1単位当たりのキャッシュフローで環境設備の有利さを順位付けることができます。

独立案 (2)
制約のない場合

　新入社員の斉藤君の問題を考えてみましょう。CD, 本, 映画, カフェでのランチの4つが候補ですから, 他の候補に影響されることなく, それぞれ独立に選択するかどうかを決めることができる独立案です。しかし前問と異なるのは初任給ではなくボーナスという点です。

　斉藤君は4つの候補にかかる金額の合計を計算しました。その結果, ボーナスの資金の範囲内で全部行うことができます。つまり, この選択問題では資金が制約になりません。斉藤君のボーナスに余力が生じている状態なのです。このように選択できる投資案の合計額が手元資金より小さい状態を「制約のない独立案」といいます。

　この「制約のない独立案」からの選択では, どのように選択するのでしょうか。この場合, 手元に残るキャッシュフローがプラスであれば, 選択することができます。斉藤君の場合は, 案件それぞれの支払う金額と得られる満足を比較して買うかどうかを決定できます。

独立案 (2)
① 誰に貸しますか

　再び鈴木さんの投資案で考えてみましょう。鈴木さんは，今度は定期預金1,000万円が満期になるので，それを元手に友人A，B，C，Dにお金を貸そうと考えています。A，B，C，Dに貸す金額と返してもらう金額は下の表です。鈴木さんの元手資金は今月末に満期になる年利8％の定期預金です。鈴木さんにとって，A，B，C，Dの4人の候補は独立案です。なぜなら，Aに貸すかどうか，はB，C，Dに貸すかどうかに影響しないからです。しかも，元手資金は1,000万円ありますので，4人に貸すことができますから，資金も制約とはなりません。つまり「制約のない独立案」からの選択になります。そこで，それぞれの投資案のキャッシュ増減を調べます。キャッシュ増分は1年後に返してもらう金額ですが，キャッシュ減分は貸す金額だけでなく定期預金に預けていれば生じたはずの利息分を含みます。

投資案	貸す金額	受取る利息	支払う利息	キャッシュフロー
A	100万円	13万円	8万円	5万円
B	200	23	16	7
C	300	32	24	8
D	400	28	32	−4

　「制約のない独立案」の選択問題は，キャッシュフローがプラスになるすべての案件が選択できます。この場合，Dはキャッシュフローがマイナスですから，資金があっても選択されません。

独立案（2）
② ネット通販

　佐々木さんはネットを利用して，自宅でペット商品を1人で通信販売しています。新製品の発売を機にホームページに新製品を載せることにしました。扱う新製品の原価を計算したものが以下です。

新製品の1個当たり原価（単位：円）

仕入代金	1,000 円
送　　料	400
経　　費	750
合　　計	2,150

　この新製品の販売価格は1個3,000円，原価のうち仕入代金と送料は注文を受けるたびにキャッシュアウトがありますが，経費は月額ほぼ固定的にかかるもので，合計2,150円です。ネット販売では，原則として店舗を構える必要がありませんから，店舗や店員も必要としません。また，倉庫の保管費用も必要ありません。この新製品を扱ったからといって，人件費，営業費や倉庫費用などの増えるキャッシュアウトはありません。
　この場合，新製品を扱うかどうかの選択は，他の既存製品に影響しませんし製品に対する制約もないので，「制約のない独立案」からの選択です。このような「制約のない独立案」からの選択問題は，製品のキャッシュフローだけで決めることができます。販売によって生じるキャッシュインと，仕入代金と送料によって生じるキャッシュアウトから，手元に残るキャッシュフローは製品1個当たり3,000円－1,400円＝1,600円ですので，この製品を扱うことに問題はありません。

独立案（2）
③ 出店するかどうか

　チェーン展開している「スーパー佐和」では，販売網を年々拡大してきました。今年度も10店舗ほど新店舗の出店を検討していますが，年間の出店規模では1店舗約10億として100億円程度の予算を見込んでいます。出店予定計画ではある程度の地域を検討対象に指定していますが，具体的に出店するかどうかは個別に検討しています。しかも，場所や規模などの計画がいつ具体化するかは必ずしも一定ではないため，10店舗全部の計画がはっきりしてから決定することはできないので，予算範囲内で個別に判断せざるを得ません。このような状況は，「制約のない独立案」からの選択問題です。

　この「制約のない独立案」にはさまざまな場合が考えられます。
　生産管理課に工場の製造部門から特殊な装置の購入に関する稟議書が回ってきました。この装置の価格は50万円ですが，この装置を設置することで生産のスピードが安定する効果があるといいますし，50万円という金額は製造間接費の予算範囲です。では，担当課長はこの案件を認めるための手掛かりをどう考えたらいいでしょうか。

　このような案件は，事実上「制約のない独立案」からの選択問題ですから，それぞれの案件から得られるであろうキャッシュフローが元手を上回っていれば有利な案件です。その案件を選択した場合と選択しなかった場合とを比較してプラスであれば実行します。

2-4. 排反案

　新入社員の斉藤君は，今度の日曜日の午後の過ごし方で迷っています。いろいろしたいことはあるのですが，最近聴きたいと思ったCDを買いに行くか，以前から読みたいと思っていた本を読むか，今評判の映画を見に行くか，公園を散歩してカフェに寄るか，の4つの候補に絞りこみました。日曜の午後にできることは1つだけで，候補の中の1つを選択すると，他の候補は選択できません。このように，案件が相互に影響して対立している関係では，2つ以上が選択されることはありません。このような案件の関係を「排反案」といいます。

　排反案からの選択においても制約があります。斉藤君の予算がわずか2,000円しかない場合，これらの候補のうち2,000円を超えるものは候補ではなくなります。たとえば，映画とカフェが2,000円を超えるとすれば，CDか本の2つの候補からの選択になります。また，斉藤君の予算が10,000円だとすると，どの候補も10,000円以下であれば，すべての候補が選択可能になります。

　ではこの「排反案からの選択」はどうすればいいのでしょうか。それは，1つしか選べないのですから，制約の範囲内で最大のキャッシュフローの案件を選択すればいいのです。

排反案

① いくら貸しますか

　鈴木さんの投資案で考えてみましょう。鈴木さんは，定期預金が満期になるので，それを元手に友人Aさんにいくらお金を貸そうかと考えています。Aさんに貸す金額と返してもらう金額は下の表のように4通りあります。鈴木さんの元手資金は今月末に満期になる年利8％の定期預金です。鈴木さんにとって，Aさんにいくら貸すかは排反案の問題です。貸す金額が1通りだからです。

　もし手元資金が300万円で制約されている場合，当然400万円貸すことはできないので，100万円，200万円，300万円の3つの投資案から選択することになります。この場合，3つの候補，A1～A3の中で最大のキャッシュフローを得られるA3，つまり300万円貸すという案が選択されます。

　もし手元資金が400万円あれば，資金が制約とはなりませんが，A1～A4の中で最大のキャッシュフローを得られる投資案は，やはりA3，つまり300万円貸すという案が選択されます。

投資案	貸す金額	受取る利息	投資利益率	支払う利息	キャッシュフロー	PIC
A	100万円	13万円	13％	8万円	5万円	5.0％
B	200	23	11.50％	16	7	3.50％
C	300	32	10.70％	24	8	2.70％
D	400	28	7％	32	−4	−1.0％

　このように排反案の場合には，手元資金が足りない「制約のある」状態でも，手元資金が十分な「制約のない」状態でも，キャッシュフロー（金額）の最大の案件を選択すればいいのです。

排反案
差額で考える

　排反案からの選択の場合には，キャッシュフロー（金額）の最大の案件を選択しますが，差額法という方法で考えることもできます。キャッシュフローで考えるときの原則に「比較する」ことがありましたが，差額法は2つの案件の差額で比較することです。

　ここに，1つ100円の缶コーヒーと1個250円のケーキがあります。どちらか1つしか選べないとしましょう。もし缶コーヒーを諦めて，ケーキを選ぶといくら得をしたのでしょうか。

　「ケーキを選ぶ」とは，ケーキの価格250円のキャッシュを得ると考えます。一方，「缶コーヒーを選ばない」とは，選んでいれば得ることができた缶コーヒーの価格100円を諦めることになります。つまり，缶コーヒーを諦めてケーキを選んだことによって150円得したことになります（左の表）。反対に，もしケーキを諦めて缶コーヒーを選んだとすると，今度は150円の損になります（右の表）。

缶コーヒーかケーキか （単位：円）

ケーキ	250	缶コーヒー	100
(−) 缶コーヒー	100	(−) ケーキ	250
	150		−150

　このように排反案では，比較して差額を求めることによって，どちらの案件が得か損かがわかります。言い換えると，差額がプラスかマイナスかによって有利な案件がわかるのです。上の表の左では差額がプラス，右では差額がマイナスを示していますが，どちらも缶コーヒーよりもケーキの方が得であることを示しています。

排反案
① いくら貸しますか，差額で考えると

鈴木さんが友人Aさんにお金を貸す問題で考えてみましょう。排反案の場合には，キャッシュフローの一番大きいA3，つまり300万円貸すのが有利な案件です。

投資案	貸す金額	受取る利息	支払う利息	キャッシュフロー
A1	100万円	13万円	8万円	5万円
A2	200	23	16	7
A3	300	32	24	8
A4	400	28	32	−4

今度は，差額で考えて一番キャッシュフローの大きい案件を探してみましょう。まず，Aさんに貸さないという案（A0）と貸す金額が一番小さい100万円（A1）の差額（A1−0）を考えます。下の図のように（A1−0）のキャッシュフローはプラスですから，Aさんに貸した方がいいとわかります。

	投資案	貸す金額	受取る利息	支払う利息	キャッシュフロー
	A1	100万円	13万円	8万円	5万円
（−）	A0	0	0	0	0
	A1−0	100	13	8	5

次は2番目に小さい200万円（A2）と100万円（A1）との差額（A2−1）を考えます。次頁の表は，200万円貸すときから100万円貸すときを引いたものです。言い換えると，100万円貸すことを諦めて200万円貸した場合を表しています。その結果，差額（A2−1）のキャッシュフローがプラスになるので，100万円（A1）貸すよりも200万円（A2）貸した方がキャッシュフローが大きいことがわかります。

	投資案	貸す金額	受取る利息	支払う利息	キャッシュフロー
	A2	200万円	23万円	16万円	7
(−)	A1	100	13	8	5
	A2−1	100	10	8	2

次に，貸す金額が300万円（A3），200万円（A2）を比較してみましょう。今度も，差額（A3 − 2）のキャッシュフローがプラスになるので，300万円（A3）貸した方が200万円（A2）貸すよりもキャッシュフローが大きいことがわかります。

	投資案	貸す金額	受取る利息	支払う利息	キャッシュフロー
	A3	300万円	32万円	24万円	8万円
(−)	A2	200	23	16	7
	A3−2	100	9	8	1

最後に400万円（A4）と比較するのは300万円（A3）です。下の表からわかるように差額（A4 − 3）のキャッシュフローがマイナスになるので，300万円貸す方が400万円貸すよりもキャッシュフローが大きいとわかります。

	投資案	貸す金額	受取る利息	支払う利息	キャッシュフロー
	A4	400万円	28万	32万円	−4万円
(−)	A3	300	32	24	8
	A4−3	100	−4	8	−12

この結果，A1よりもA2，A2よりもA3，A4よりもA3の方がキャッシュフローは大きいので，一番キャッシュフローが大きいのはA3，つまり300万円貸すことになります。この結果は最初に述べた「排反案からの選択の場合には，キャッシュフロー（金額）の最大の案件を選択する」と同じ結論になります。この差額の部分だけを表したものが次頁の表です。

投資案	貸す金額	受取る利息	支払う利息	キャッシュフロー	差額PIC
A1-0	100万円	13万円	8万円	5万円	5%
A2-1	100	10	8	2	2%
A3-2	100	9	8	1	1%
A4-3	100	-4	8	-12	-12%

キャッシュフローの差額を調べることで，どの投資案のキャッシュフローが大きいかがわかります。A2-1やA3-2のように差額がプラスの場合には，A2，A3の方がキャッシュフローは大きいこと，A4-3のように差額がマイナスの場合には，A3の方がキャッシュフローは大きいことを示しています。差額がマイナスの場合，排反案では1つしか選択できないので，当然その案件は選択されませんから，案件としての候補から取り除かれます。このような差額がマイナスになるA4のような案件を「完全無資格案」といいます。これを表したものが下のグラフです。

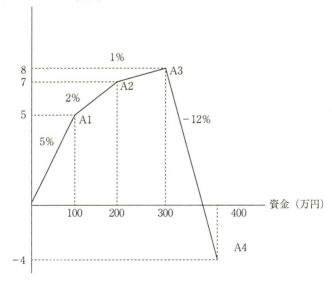

このグラフの各案件の傾きは，キャッシュフローの差額増減分を投資額の差額で割ったものです。これを差額PICといいます。差額のキャッシュフローがプラスであれば，差額PICもプラスになります。

排反案

② 何階建てのビルを建てるか

　清水さんは，小さな空き地にビルを建てて貸店舗を入れる事業を計画しています。高いビルを建てればそれだけ多くの貸店舗を入れることができますが，上の階へいくほどお客が入りにくくなるため収入は逓減すると予想されます。一方，建設に要する費用や維持管理費（建築費）は建物の階数が増えるほど増加します。一定の期間で予想される収入を計算したのが以下の表です。

　何階建のビルを建てるか，という問題は排反案です。なぜなら3階建てという案を選択すると，1階建てや2階建てという案を選択できないからです。排反案では，キャッシュフロー（金額）が最大になる案件が選択されます。建築費が1階当たり2,000万円だとすると，何階建てのビルのキャッシュフローが最大でしょうか。

階数	予想収入
1	4,000万円
2	7,000万円
3	8,500万円

　4,000万円 − 2,000万円 × 1階 = 2,000万円

　7,000万円 − 2,000万円 × 2階 = 3,000万円

　8,500万円 − 2,000万円 × 3階 = 2,500万円

　このように2階建てのキャッシュフローが最大になります。では，この問題をPICで考えてみましょう。

$$\text{PIC} = \frac{\text{キャッシュフロー}}{\text{制約資源}}$$

　各階のPICは，

　2,000万円 ÷ 1階 = 2,000万円

　3,000万円 ÷ 2階 = 1,500万円

　2,500万円 ÷ 3階 = 833.3万円

となり，1階建てが一番効率的だとなります。しかし，排反案はPICではなく

キャッシュフローを基準にして選択しますから，2階建てが有利となります。

それでは，差額で考えてみましょう。ビルを1階ずつ建て増すとキャッシュフローがいくら増えるかを考えます。

1階 = 2,000万円 − 0 = 2,000万円
2階 = 3,000万円 − 2,000万円 = 1,000万円
3階 = 2,500万円 − 3,000万円 = − 500万円

この結果，1階部分の建築費を払った後のキャッシュフロー増分は2,000万円なので，建てない場合よりも1階建ての方が利益は増えることがわかります。2階部分のキャッシュフローの増分も1,000万円なので，1階建てよりも2階建ての方が1,000万円分有利だとわかります。ところが，3階部分のキャッシュフローの増分が− 500万円なので，3階建ては2階建てよりもキャッシュを失うことになります。したがって，差額で考えても2階建てビルが一番有利だとわかります。この場合，各階の差額のキャッシュフローは，資源1単位（1階）当たりの増分に対するキャッシュフローの増分を表しています。これが差額の PIC です。

このように，排反案の選択では，キャッシュフローが最大のものが選択されますが，差額の PIC を求めてマイナスになる完全無資格案を除外したうえで，最後のプラスの案件でも選択することができます。

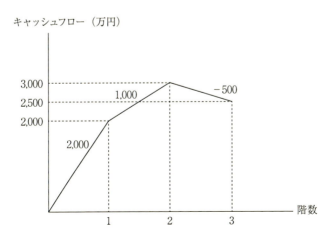

排反案

③ どの規模で出店するか

島田商事では，近くオープンするショピングセンターの中へ出店する計画をたてています。候補地は以下の3つですが，店舗の月間の賃借料は坪単価によって坪数に比例します。賃借料を除いた予想利益は下の表です。

候補区画	スペース	予想利益
A	30 坪	350 万円
B	40 坪	455 万円
C	60 坪	680 万円

このような出店規模の問題は，排反案からの選択問題です。坪単価10万円だとすると，最も有利な案はどれでしょうか。まず，賃借料を差引いた正味のキャッシュフローで判定します。

A：350万円 − 10万円 × 30坪 = 50万円
B：455万円 − 10万円 × 40坪 = 55万円
C：680万円 − 10万円 × 60坪 = 80万円

この場合はキャッシュフロー（金額）が最大のものを選択しますから，区画Cが最も有利になります。では差額で考えてみましょう。

A − 0：50万円 − 0 = 50万円
B − A：55万円 − 50万円 = 5万円
C − B：80万円 − 55万円 = 25万円

差額の利益増分がプラスであれば，より大きいスペースを選択する方が有利であることを示していますので，この例では差額がマイナスである完全無資格案はありません。すべてがプラスなのでC案が最も有利です。

今度は差額のPICで考えてみましょう。この場合，1坪当たりの正味利益の

増分が PIC です。下の表からわかるように、B－A (0.5) よりも C－B (1.25) の差額の方が大きくなっています。これは、B案よりもC案の方が有利だということを意味していますが、それだけではありません。坪単価がもっと高くなった場合を考えると、グラフの坪単価の傾きが上に上がっていき、最初に正味利益がゼロになるのがB案だとわかります。つまり、B案が将来、一番有利になることはあり得ないということがわかります。

B案のように差額のキャッシュフローがプラスであっても、グラフが下に尖っている（下に凸）案件は排反案では最適案とはなりません。このような案件を「不完全無資格案」といい、選択案件から取り除いて考えます。B案が消えると、A案とC案の比較になりますから、C－A を求めるとプラスなので、C案の方がA案よりも有利だと判断できます。

このように、差額の PIC で考えるとき、完全無資格案や不完全無資格案を取り除いて、最適案を選択することができるのです。

候補区画	差額坪数	差額正味利益	差額 PIC
A－0	30坪	50万円	1.7
B－A	10坪	5万円	0.5
C－B	20坪	25万円	1.25
C－A	30坪	30万円	1

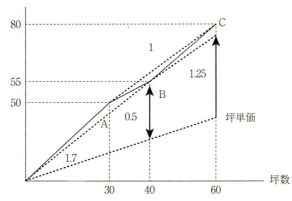

2-5. 混合案
制約のある場合

　斉藤君は新入社員です。初めての給料で何を買おうかと考えています。いろいろ買いたいものはあるのですが，それぞれ支払うお金と得られる満足を比較して，CD3枚，本4冊，見たい映画2本，カフェでランチの候補に絞りこみました。CDも本も映画も複数候補がありますが，1つだけ選ぶことにしました。CD，本，映画とカフェは，お互いに影響されることなく，それぞれ独立に選択するかどうかを決めることができますが，CD3枚の中から1枚，本4冊の中から1冊，映画2本のうち1本を選ぶことになります。このように4種類の中からは独立的に選択できるのですが，1種類の中では1つしか選択できない排反的な状態を混合案といいます。「混合案」を解くには，以下の順で考えます。

① 「排反案」の差額を求める（排反案を整理します）。
② 差額がマイナスの案件を削除する（無資格案を取り除きます）。
③ PICで順位づける（独立案を整理します）。
④ グラフを作成し選択する（グラフを工夫して読み取ります）。

　斉藤君の予算は1万円です。1万円では全部買うことができませんから，予算の範囲内で最大の満足を得られる組合せを考えなければなりません。このような案件の状態を「制約のある混合案」といいます。この状態は，「排反案」と「制約のある独立案」を組み合わせたものと考えます。

混合案

① 誰にいくら貸すか

　鈴木さんは，定期預金400万円が満期になるので，それを元手にA，B2人の友人にお金を貸そうと考えています。下の表のように2人はそれぞれ貸すお金の額によって返してくれる金額が異なります。鈴木さんの元手資金は満期になる年利8％の定期預金です。鈴木さんにとって，1人に貸しても2人に貸してもいいので独立案ですが，貸す金額は4通りのうちの1つしか選択できない排反案なので，「混合案」からの選択問題になります。

表1．Aさんに貸す

投資案	貸す金額	受取る利息	支払う利息	キャッシュフロー
A1	100万円	13万円	8万円	5万円
A2	200	23	16	7
A3	300	32	24	8
A4	400	28	32	−4

表2．Bさんに貸す

投資案	貸す金額	受取る利息	支払う利息	キャッシュフロー
B1	100万円	15万円	8万円	7万円
B2	200	26	16	10
B3	300	32	24	8
B4	400	45	32	13

① 「排反案」の差額を求める

排反案の案件の差額を求めて整理します。

表3. 差額 Aさん

投資案	貸す金額	受取る利息	支払う利息	キャッシュフロー	差額PIC
A1−0	100万円	13万円	8万円	5万円	5%
A2−A1	100	10	8	2	2%
A3−A2	100	9	8	1	1%
A4−A3	100	−4	8	−12	−12%

表4. 差額 Bさん

投資案	貸す金額	受取る利息	支払う利息	キャッシュフロー	差額PIC
B1−0	100万円	15万円	8万円	7万円	7%
B2−B1	100	11	8	3	3%
B3−B2	100	6	8	−2	−2%
B4−B3	100	13	8	5	5%
B4−B2	200	19	16	3	1.5%

② 差額がマイナスの案件を取り除く（完全無資格案）

差額がマイナスになる案件（完全無資格案）は，最適解になることはないので（無資格案）取り除きます。差額がマイナスになるのは，A4−A3とB3−B2です。A3よりA4，B2よりB3のキャッシュフローが少ないことを意味しているので，A4とB3が案件から取り除かれます。B3が取り除かれたので，B2とB4のどちらのキャッシュフローが大きいかを調べます。B4−B2はプラスですから，B4のキャッシュフローの方が大きいことがわかります（グラフ1と2）。

グラフ1. Aさんに貸す

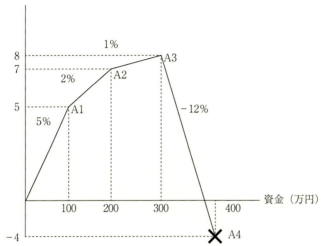

グラフ2. Bさんに貸す

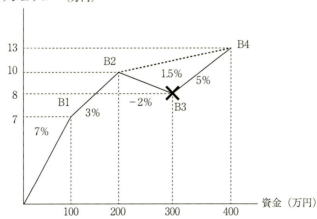

　この結果，A4とB3が削除されたので，Aさんに400万円貸すA4とBさんに300万円貸すB3という案件は選択できません。

③ PIC で順位づける

独立案として PIC で順位づけます。キャッシュフローの差額を投資差額で割ると差額の PIC が求められます。混合案では，この差額の PIC を順位づけます。

$$差額 PIC = \frac{差額のキャッシュフロー}{差額投資}$$

表5. 差額 PIC の順位

投資案	差額 PIC	順位	投資案	差額 PIC	順位
A1−0	5％	②	B1−0	7％	①
A2−A1	2％	④	B2−B1	3％	③
A3−A2	1％	⑥	B4−B2	1.5％	⑤

④ グラフの作成

差額 PIC の高い順からグラフを作成して制約条件である 400 万円までを選択します。このグラフから，制約資金の 400 万円では B1−0, A1−0, B2−B1, A2−A1 が選択されます。これは，A さんに A1−0 と A2−A1 の合計 200 万円，B さんには B1−0 と B2−B1 の合計 200 万円貸すことを意味しています。

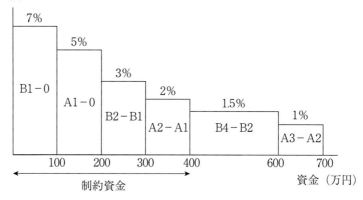

次に鈴木さんの投資案を「制約のない混合案」の場合で考えてみましょう。鈴木さんは，今度は定期預金1,000万円が満期になるので，それを元手に友人A，Bの2人にお金を貸そうと考えています。定期預金は1,000万円ですから，2人に最大400万円ずつ貸すことができますので，資金も制約となりません。つまり，貸す金額は1つしか選べませんから排反的で，2人のどちらにも貸すことができるので独立的となる混合案です。しかも資金の制約がありませんので「制約のない混合案」となります。

この場合には，キャッシュフローが最大のものを1つずつ全部の種類から選ぶことができます。この場合には，Aさんには，300万円，Bさんには400万円を貸すとキャッシュフローが最大になります。

表1．Aさんに貸すと

投資案	貸す金額	受取る利息	支払う利息	キャッシュフロー
A1	100万円	13万円	8万円	5万円
A2	200	23	16	7
A3	300	32	24	8
A4	400	28	32	-4

表3．Bさんに貸すと

投資案	貸す金額	受取る利息	支払う利息	キャッシュフロー
B1	100万円	15万円	8万円	7万円
B2	200	26	16	10
B3	300	32	24	8
B4	400	45	32	13

制約のない場合には，独立案，排反案，混合案のどのタイプの案件であっても，キャッシュフローが最大のものを選択すればいいのです。

混合案

② 複数の店舗で何人雇うか

　ある店舗で何人のアルバイトを雇うか，という問題は「排反案」の問題です。この問題が複数の店舗で発生する場合に，それぞれの店舗で決定しないで本社で一括採用人数を決定するときは，「混合案」からの選択問題となります。なぜなら，個別の店舗では排反案であっても，本社では店舗からの案件はそれぞれ独立に選択できるからです。

　清水電機では2つの店舗で年末セールのためにアルバイトを何人か雇うことを検討しています。本社では今年は全部で3人か4人雇うことを考えているので，A，B2つの店舗からそれぞれ必要な人数とそれに応じた正味利益を予測して提案させることにしました。この表の正味利益は，アルバイトに支払う賃金1人当たり20万円を差引いた金額です。

人数と利益増分

店舗	人数	売上高	正味利益
A店	1	40万円	20万円
	2	65	25
	3	75	15
B店	1	32	12
	2	46	6
	3	91	31

　各店舗で何人雇用するかという問題であれば，「排反案」からの選択問題ですから最もキャッシュフローが大きくなる案件を選択しますので，A店では2人，B店では3人雇用するのがいいことになります。しかし，本社では2店舗で3人か4人の採用を検討しているので，うまく組み合わせなければなりません。そこで，混合案を解く順に従って考えてみましょう。

① 「排反案」の差額を求める

差額人数と正味利益増分

店舗	人数	キャッシュフロー
A店	1-0	20万円
	2-1	5
	3-2	-10
B店	1-0	12
	2-1	-6
	3-2	25
	3-1	9.5

② マイナスの案件を取り除く

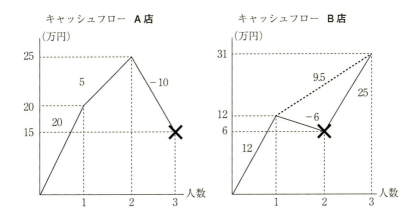

この例では、A店の3人目とB店の2人目が完全無資格案となり、最適にはならないので取り除きます。B店は1人か3人かの選択となります。

③ PICで順位づける

この例では、人数によってキャッシュフローが変わるので、PICは1人増えたことによるキャッシュフロー増分です。B店では2人雇う案が取り除かれたため、1人雇うか3人雇うかの2通りで考えます。

差額人数と正味キャッシュフロー増分

店舗	人数	キャッシュフロー	順位
A店	1-0	20万円	①
	2-1	5	④
	3-2	-10	
B店	1-0	12	②
	2-1	-6	
	3-2	25	
	3-1	9.5	③

④ グラフの作成

4人雇う場合

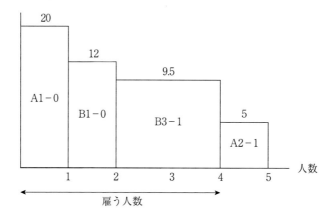

　このグラフから、4人雇う場合はA1-0, B1-0, B3-1ですから、A店に1人、B店に3人雇うのがキャッシュフローが最大になります。では、3人雇う場合にはどうなるでしょうか。3人めはB3-1の間になります。このような場合には、売上の面積を最大にするようにグラフを変形して読み取ることが重要です。B3-1をやめてA2-1を選択した方がいいので、A店は2人、B店は1人雇うとキャッシュフローが最大になります。

3人雇う場合

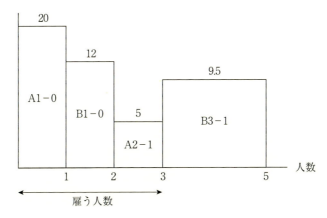

　このように，混合案からの選択では差額の PIC のグラフを作成すること，そして制約条件によってグラフを工夫し修正して読み取ることが大切です。

混合案

③ どのラインで作るか

　生産設備の能力が余っている状態，需要が少ない市場制約の場合に製品をどのラインで生産するのが有効かという問題は，混合案からの選択問題です。どのラインで作るかは独立的に決められますが，生産量は1つですから排反案ですので，混合案と考えます。

　角田工業ではA，B2台の生産設備を所有しています。どちらも同じ製品を同じスピードで作ることができますが，稼働費用が異なります。古い設備Aは製品を1個加工するのにかかる変動加工費が高く，また正規稼働時間外での残業も人手が必要なため残業手当も高くつきます。一方，新しい設備Bは固定経費がかさみます。下の表が製品1個当たりの原価です。

製品1個当たり原価(単位：円)

	設備A	設備B
材　料　費	200	200
変動加工費	180	40
労　務　費	120	70
固 定 経 費	40	120
合　　　計	540	430
残 業 手 当	270	190

　1時間当たり100個，正規稼働時間180時間，残業時間40時間までの生産が可能だとすると，それぞれ22,000個，2台合計で最大44,000個生産できます。どのように生産計画を立てるのがいいでしょうか。

　製品の収益性は製品が稼ぎ出すキャッシュフローで測定されますが，この場合にはどの設備を使えばキャッシュアウトの少ない製品が作れるか，に注目します。生産によって生じるキャッシュアウトは，正規時間内では材料費と変動

加工費だけです。労務費と固定経費は生産時間に関わらず一定ですから考慮しません。一方，残業時間内では残業手当がさらに加算されます。そして，この生産による1個当たりのキャッシュアウトがそのままPICとなりますので，PICの小さな順に生産するとキャッシュアウトが少ない製品が生産できます。設備Aと設備Bの正規時間内と残業時間内でのPICと順位は下のようになります。

設備によるPICと順位

		PIC（キャッシュアウト）	順位
設備A：正規時間での生産	18,000個	380円	②
設備A：残業時間での生産	4,000個	650	④
設備B：正規時間での生産	18,000個	240	①
設備B：残業時間での生産	4,000個	430	③

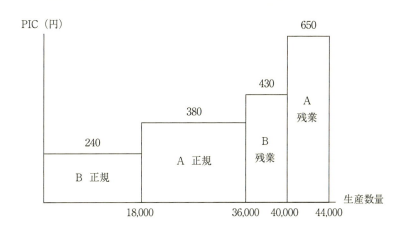

PICは製品の1個当たり差額キャッシュフローで表されます。生産計画は以下のようになります。

18,000個以下の場合　　　　　　　　B正規時間
18,000個以上36,000個以下の場合　　A・B正規時間
36,000個以上40,000個以下の場合　　B正規・残業時間，A正規時間
40,000個以上44,000個以下の場合　　A・B正規・残業時間

Excel　並べ替え・ソルバー

・並べ替え

　演習問題 [2.8] のような製品数が多い場合には，Excel の［並べ替え］を利用すると便利です。「製品1個当たり利益」や「製品1個当たりキャッシュフロー」などの項目の中で，大きい順に並べ替えるときに使います。

　まず，対象とする範囲をドラッグして「範囲指定」します。そして「データ」→「並べ替え」と進みます。すると

列		並べ替えのキー		順序	
最優先されるキー	▽	値	▽	昇順	▽

のボックスが現れますから，「最優先されるキー」の「▽」から優先したい項目，たとえば，「利益」などを選択します。次に，「順序」から「降順」を選択します。「O.K」で完成です。

・ソルバー

　演習問題 [2.3] のような制約の中から選択する場合，制約が1つであればPIC を基準として計算できますが，制約が複数ある場合には，Excel の［ソルバー］を利用することで最適解を求めることができます。

　演習問題 [2.3] の問題に，「ラインⅡ」があった場合で考えてみましょう。このラインⅡでは各製品の生産時間が，A が6分，B が8分，C が10分とします。「データ」→「分析」→「ソルバー」と進みますと，右下のボックスが現れます。ここで「目的セルの設定」に最大化したいキャッシュフローの合計値のセルを，「目標値」は「最大値」を，変数セルの変更には，各製品の生産

数量を指定します。そして「制約条件の対象」には，各製品の生産数を非負数，各ラインの合計稼働時間200時間（12,000分）を入力します。「O.K」で完成です。

	A	B	C	D	E
1		A	B	C	
2	売価	5,000	3,500	4,000	
3	材料費	2,300	900	1,600	
4	変動加工費	1,300	1,000	600	
5	貢献利益	1,400	1,600	1,800	
6	人件費	150	200	650	
7	固定経費	250	250	250	
8	減価償却費	300	550	400	
9	利益	700	600	500	
10	各ラインの制約時間				
11	ラインⅠの所要時間	7	4	5	
12	ラインⅡの所要時間	6	8	10	
13	月間需要	800	1,500	2,000	
14					合計
15	生産数量	1,500	375	0	
16	ラインⅠ	10,500	1,500	0	12,000
17	ラインⅡ	9,000	3,000	0	12,000
18					合計
19	キャッシュフロー	2,100,000	600,000	0	2,700,000

ソルバー

目的セルの設定	E19
目標値	最大値
変数セルの変更	B15,C15,D15
制約条件の対象	
B15>=0	
C15>=0	
D15>=0	
E16<=12000	
E17<=12000	

演習問題

[2.1] 次の意思決定問題では，代替案相互の関係が独立案，排反案，混合案のどれか．
① 複数の製品の製造を取引先から提示されているが，生産時間内ではすべてを受けられそうにない．
② 今年の年末商戦でアルバイトを何人雇用するかを検討している．
③ 一組の大型設備から5種類の製品を生産することができる．生産時間内にどれを優先させて生産するか．
④ 近くオープンするモールに出店したいが，どのくらいの規模で出店するか．
⑤ チェーン展開しているA社の本社では人事を一括管理している．各店舗ではそれぞれ必要な人員数を本社に要求している．
⑥ 毎年，予算枠を決めて店舗の出店を計画しているが，出店候補が一年を通じて提案されるので，そのたびに出店するかどうかを決めている．
⑦ 今月生産しなければならない注文がたくさん来ているが，どれを自社で内作し，どれを下請け会社に外注するか．
⑧ 工場内で，組立部門，倉庫部門，廃液処理部門からそれぞれ設備の合理化案が提案される．
⑨ ある設備を購入したが，年々メンテナンス費用が増えていくことが予想される．何年使用するのが経済的か．
⑩ 生産管理課から，ラインの不具合を改善するための機器1台の導入稟議書が回ってきた．
⑪ 生産に余力が生じているが，3つあるラインのうちどのラインでどれだけ生産するか．
⑫ 販売促進会で限られたスペースに展示するが，どの製品を展示するか．

独立案

[2.2] 互いに独立な投資案の投資額と1年後の報酬を以下に示している。利用できる資金は年利率5%で借りることができる。借りられる資金額が200万円～500万円の範囲で100万円ずつ増える場合，それぞれどのように案件を選択するか。ただし，投資案を分割することはできない。

(単位：万円)

	A	B	C	D	E
投資額	100	100	100	200	200
1年後のリターン	118	123	125	242	244

[2.3] 永井製作所のある事業部では，月次の生産計画を立てている。候補の製品A，B，Cの販売価格，原価，生産時間と需要量は以下のとおりである。

製品別損益 (単位：円)

	A	B	C
販売価格	5,000	3,500	4,000
材料費	2,300	900	1,600
変動加工費	1,300	1,000	600
労務費	150	350	650
固定経費	250	250	250
減価償却費	300	600	400
純利益	700	400	500
売上高利益率	0.14	0.11	0.13
生産時間	7分	4分	5分
月間需要	800個	1,500個	2,000個

これらの製品A，B，Cを作るラインIの稼働時間は月間200時間である。この表の人件費，固定経費，減価償却費は固定費であり，最近の数ヵ月の実績に基づいて各製品に配賦している。

① どの製品をどれだけ生産・販売するのがよいか。
② 残業によってラインⅠの稼働時間を延長することが可能である。残業手当が1時間につき 18,000 円（1分につき 300 円）かかるとしたら，どの製品をどれだけ増産するのがよいか。
③ 広告宣伝することによって製品 B は需要を増やすことが出来る。この場合には，いくらまで広告宣伝費をかけるか。
④ 製品 A は長年取引関係のある得意先への製品なので，採算は度外視して優先的に 800 個作りたい。この場合，いくらのコストを掛けたことになるか。

[2.4] ㈱森の設計部門では新製品 X の軽量化を検討している。コストアップをなるべく抑えて 100 グラム程度軽くしたい。部品の軽量効果とコストアップ額は下の表である。どのように組み合わせるのがよいか。

部品	軽量効果	コストアップ（円）
A	10g	90
B	20g	190
C	30g	320
D	40g	390
E	50g	500
F	60g	580
G	70g	690

[2.5] 小さな部品メーカー古関では，毎週 10 〜 20 時間程度の余裕時間が生産に生じている。もし忙しい場合には，正規時間の他に 30 時間の残業をすることができるが，1 時間当たり 25,000 円ほどの残業手当がかかる。受ける仕事の所要時間，売上と材料及び加工費は以下である。
① 余裕時間が（1）10 時間，（2）20 時間の場合，どの仕事を受けるか。
② 残業を 30 時間する場合，どの仕事を受けるか。

注文	所要時間	売　上	材料・加工費
A	2時間	12万円	6.5万円
B	2	15	11
C	2	19	13
D	3	15	4
E	3	24	14
F	3	14	7
G	4	22	15
H	4	27	12
I	5	17	7
J	5	23	14
K	6	26	11

[2.6] 黒崎工業では，毎月200時間の稼働時間のうち50時間の余裕が生じている。この余裕時間を有効に使いたいが，すべての案件を内製することはできないので，外注に出す仕事と区別しなければならない。

仕　事	所要時間	社内変動費	外注費
A	10時間	50万円	90万円
B	10	80	115
C	10	105	134
D	10	125	165
E	20	85	105
F	20	195	285
G	30	75	145
H	30	140	195
I	40	285	400

① どの仕事を内製するのが有利か。
② 50時間の残業をすることが可能だが，残業手当は1時間当たり2.8万円だとすると，どの仕事を内製するのがよいか。

[2.7] 高田工業の工場では設備の取替えに当たり，環境問題を考慮してCO_2排出量をできるだけ抑えて，しかもコスト効果を高める設備の導入を検討している．下の表は候補設備の月間のリース料とCO_2の排出量である．月間の設備費用の予算額が2,000万円の場合にCO_2の排出量をできるだけ少なくする設備の組合せを検討しなさい．

候補設備	リース料（万円）	CO_2（kg）
A	350	2,500
B	500	3,100
C	400	2,600
D	450	3,300
E	350	2,800
F	300	2,100
G	350	2,700
H	450	2,900

[2.8] 斉藤工業は20種類の段ボール箱を製造・販売してきた実績がある．段ボール箱は小さいものから大きいものまで大量に生産できる．ところが斉藤社長は，会社の利益の拡大のためにはどの製品を製造販売するのが最適か考えてこなかったので，経理資料から製品別のデータを使って検討してみることにした．人件費は月額400万円，間接経費などの固定費は月額200万円かかる．1個当たりの人件費と間接経費は，月額を正規作業時間180時間（10,800分）で割って1秒あたりに換算し，各製品の生産時間（秒）に掛けて求めている．以下の斉藤社長の疑問に答えなさい（単位：円）．

① 正規作業時間が月間180時間の場合，どの製品をどれだけ生産販売するのがよいか．以下の4つの指標で比較したい．
(1) 製品1個当たり利益，(2) 製品1個当たり貢献利益（粗利），(3) 製品別受注利益，(4) 製品1分当たりキャッシュフロー

② 残業すると，あと40時間の生産が可能になる．残業手当は1分当たり

600円である場合，どのように生産するか．
③ 製品Lと製品Iを1,000個ずつ優先して生産しなければならない場合，いくら損したことになるか．

製品	価格	材料費	変動加工費	人件費	固定費	利　益	生産時間（秒）	販売上限（個）
A	42	5	2	24	12	−1.1	3.9	16,000
B	61	7	2	33	17	2.0	5.4	14,000
C	62	8	4	32	16	1.9	5.2	17,000
D	76	12	7	39	19	−1.3	6.3	16,000
E	101	13	14	75	37	−38.0	12.1	9,500
F	114	14	10	52	26	11.3	8.5	17,500
G	130	15	15	56	28	15.7	9.1	9,000
H	192	17	16	96	48	14.6	15.6	7,500
I	278	25	19	169	85	−19.7	27.4	6,000
J	305	27	24	165	83	5.9	26.8	2,000
K	367	28	27	189	94	28.7	30.6	3,000
L	432	60	60	400	200	−288.0	64.8	2,500
M	450	79	40	193	96	42.1	31.2	3,800
N	467	82	61	217	108	−1.0	35.1	2,500
O	528	76	71	236	118	27.3	38.2	3,000
P	604	69	81	403	202	−150.6	65.3	3,400
Q	640	94	92	243	121	90.1	39.3	2,600
R	734	68	61	378	189	38.3	61.2	1,200
S	785	104	113	305	152	110.6	49.4	1,700
T	929	180	155	349	174	70.9	56.5	1,600

排反案

[2.9] 次の3つの排反案A，B，Cの中から最も有利なものを選択したい．以下の条件のもとで検討しなさい．

（単位：万円）

投資案	投資額	リターン
A	100	110
B	200	225
C	300	334.5

① 自己資金はゼロであるが，利率10％で借りることができる。この会社の標準運用利率は8％である。
② 自己資金が300万円あり，標準運用利率は8％である。
③ 自己資金は100万円だが，不足分は利率10％で借りることができる。標準運用利率は8％である。
④ 自己資金はゼロであるが，300万円までは利率10％で借りることができる。標準運用利率12％である。

[2.10] 小坂井商事では，ショピングモールへ出店する計画をたてている。大規模，中規模，小規模と3つの規模で検討したい。店舗の賃借料は坪単価によって坪数に比例する。

候補区画	スペース	予想利益
小規模	30坪	600万円
中規模	60坪	1,000万円
大規模	100坪	1,100万円

① 坪単価の予想額が12万円だとすると，最も有利な案はどれか。
② 差額で考えください。

[2.11] 小林工業では，人員の増員を計画している。人員が増えれば，売上によるキャッシュフローも増加するが，人件費も増加する。

増員数	予想売上増分（万円）
1	20
2	45
3	55
4	80
5	96.5

① 一人当たりの人件費が15万円だとすると，何人の増員が最も有利か。
② 差額で考えください。

[2.12] 武田産業では新製品を発売することになり，その発売価格と販売予想数量を検討している。以下のように発売価格が上がるにしたがって，販売予想数量は減少する。ここで問題なのは，製品の仕入価格が変動していることである。

発売価格（円）	100	120	150	200
販売予想数量（個）	100,000	80,000	50,000	20,000
販売予想売上（円）	10,000,000	9,600,000	7,500,000	4,000,000

① 製品の仕入価格が60円だとすると，発売価格がいくらの時が最も有利か。
② 仕入単価によって発売価格を変更するので，差額で考えてください。

[2.13] 同一製品を作るのに2種類の設備A,Bがある。設備の優劣分岐点を求めなさい。製品の販売価格は1個2,000円である。

	A	B
月間レンタル料	50万円／月	120万円／月
変動加工費	500円／個	300円／個
生産能力	1,200個／月	2,000個／月

混合案

[2.14] 栗本さんは，A，Bの二人にいくらお金を貸そうかと考えている。資金は利率8％で30万円まで借りることができる。A，Bに各々いくら貸すのが有利か。

（単位：円）

案件	貸す金額	もらう利息
A1	100,000	30,000
A2	200,000	45,000
A3	300,000	57,000
B1	100,000	24,000
B2	200,000	40,000
B3	300,000	55,500

[2.15] 高木商店は，3店舗の開設を検討している。それぞれの店の店員数を増やせば売上によるキャッシュフローも増える。人件費は一人平均30万円である。各店舗の人員配分を検討しなさい。

地区	増員数	売上増分（万円）
A店	1	67
	2	70
	3	160
B店	1	40
	2	104
	3	110
C店	1	90
	2	160
	3	225

[2.16] 河合工業では製品Zを3つのラインA，B，Cで作っている。それぞれのラインは異なる機器を導入したため，加工費，人件費や設備費が異なるが，生産スピードは大きく変わらない。正規作業時間は180時間，残業は40時間まで可能であるが，正規作業時間の給与の40％増の残業手当を支払う。生産数量は1時間50個である。各ラインのフル操業のときの製品1個当たり製造原価は以下である。直接労務費は，正規作業時間分と残業時間の増分に分けて表示している。需要に対してどのように生産計画をたてるか。

ライン別製品1個当たり原価　　　（単位：円）

	Aライン	Bライン	Cライン
材料費	600	600	600
変動加工費	250	350	400
直接労務費：正規時間	100	400	500
：残業時間（増分）	40	160	200
設備費	550	200	50
固定経費	100	100	100
合　計	1,640	1,810	1,850

[2.17] 島津工業では，同じ製品を新旧2つの工場で分担して作っている。A工場は最新の設備が入っているので，減価償却費その他の設備維持費が高い代わりに直接労務費はB工場の半分で済み加工費も割安である。B工場は旧式の設備が入っているため設備費用は安いが直接労務費や加工費は割高である。各工場の正規作業時間は月間180時間，残業時間は40時間，残業手当は正規時間の直接労務費の40％増である。

(単位：円)

	A工場	B工場
材料費・消耗品費（製品1個当たり）	2,100	2,800
変動加工費（製品1個当たり）	850	950
直接労務費		
正規時間分（月額）	4,500,000	9,000,000
残業時間分（1時間当たり）	35,000	70,000
設備償却費（月額）	8,400,000	3,200,000
間接経費（月額）	5,000,000	4,000,000
生産スピード（1時間当たり）	40個	25個

① 正規時間内と残業も含めたフル操業時におけるA工場とB工場のそれぞれの製品1個当たりの製造原価を求めなさい。

② この製品を販売する得意先と販売量は以下である。どちらの工場で生産してどこへ販売するか。得意先は中途半端な数量では引取ってくれないとする。

得意先	販売価格（円）	販売数量（個）
A	11,000	1,500
B	9,500	2,500
C	8,500	4,000
D	7,500	5,000
E	6,500	8,000

第3章　資金の時間的価値

　2012年，メタンハイドレートが日本海近海に，またレアアースが南鳥島付近に埋蔵されていることがわかりました。メタンハイドレートは100年分の天然ガス消費量，レアアースは230年分の消費量以上が埋蔵されているといわれ，その価値は1,000兆円ともいわれていますが，埋蔵量は掘ってみなければわかりません。レアアースは深海にあるため，採掘の技術や精製するための設備を開発しなければなりません。このような長期のプロジェクトには不確実性やリスクが伴い，特に重要なのは採算性で，この採算性を測定するのはキャッシュフローです。埋蔵量が多いのならば，プロジェクトにかかる費用が多くても採算は取れるように思われますが，割引率と何年間で掘り出すかによって採算性は変わります。

　たとえば，現時点で1,000兆円分の資源が埋蔵されていることがわかったとしましょう。もし100兆円分ずつ10年で掘り出すと，割引率を10%として現在の価値に換算すると614兆円，50兆円分ずつ20年で掘り出すと426兆円の価値になってしまいます。つまり，今1,000兆円の価値の資源があっても，長期のプロジェクトでは金利と期間によって年々その価値を失うのです。長期のキャッシュフロー問題は，将来の不確実な要素と金利と期間によって短期とはまったく異なる問題となります。この章では，「キャッシュフローの価値が時間とともに変わる」という話をします。

3-1. 資金の時間的価値

　キャッシュフローには時間的な価値があります。今現在の100万円と1年後の100万円では価値が異なります。どちらの価値が高いでしょうか。同じ金額なら，現在の方が高い価値になります。なぜ価値が異なるのか，インフレーション（物価の上昇）があるからではありません。それは預金の利子があるからです。たとえば，100万円の現金を預金しないで机の中にしまっておくと，1年後100万円は変わりませんが，銀行に預けていれば増えたはずの利子の分がないので，机の中の100万円はその分価値を失ったことになります。つまり，今の100万円よりも1年後の100万円の方が価値は小さいのです。

　たとえば，1億円の宝くじが当たったとしましょう。このお金を大切に自分の家の金庫にしまっておいて，毎年1,000万円ずつ使うとすると，10年でなくなってしまいます。これを年利10％の預金に預けて，毎年1,000万円ずつ引き出すと，永久に1,000万円を引き出すことができる上に1億円はなくなりません。なぜなら，1億円の10％の利子分である1,000万円だけを引き出しているので，預けた1億円は減らないからです。このように，預金には利子が必ず付きますから，元金は時間の経過とともに増えていきます。

　第1章では，「キャッシュフローで比較して考える」と述べましたが，時間が経過するとともにキャッシュフローの価値が変わるとすれば，どのように比較すればいいのでしょうか。それは，比較する時点をそろえることです。たとえば，今の100万円と1年後の120万円とではどちらの価値が高いでしょうか。時点が違うものは比較することができませんから，時点をそろえることが必要です。つまり，「今の100万円は1年後にいくらになるのか」がわからなければ，「1年後の120万円」と比較できません。

キャッシュフローでは，比較の時点が3つあります。

現価：「今いくらか」，現在の価値で表わします（Present Value：Pと表します）。
終価：「○○年後にいくらか」，最終の価値で表します（Final Value：Fと表します）。
年価：「毎年末にいくらか」，毎年均等額の価値で表します（Annual Value：Aと表します）。

異なる時点のキャッシュフローは，上記のいずれかの時点に換算して比較します。時点をそろえるためには期間と利率が必要です。

ここで，利率について説明します。たとえば，設備の購入を考えてみましょう。そのための資金を銀行から借りて月々返済していくと，購入代金と年利率何％という利息を支払わなければなりません。また，設備を自己資金で購入すれば，その資金を運用していれば増えたはずの利子を犠牲にして購入することになります。このように資金の調達に伴って負担する利息または犠牲にした標準的な運用の利率のことを「資本コスト」と呼びます。単に利率という場合，どちらの意味でも使うことができます。

> 異なる時点のキャッシュフローを比較するためには時点をそろえなくてはなりません。そのためにはある時点に換算することが必要です

3-2. 現価と終価の換算

① 現価から終価への換算

たとえば,現在の 100 万円と 10 年後の 200 万円とではどちらが大きいでしょうか。これを比較するには,比較の時点をそろえなければなりません。つまり,現価の 100 万円を 10 年後の終価に換算するか,10 年後の終価 200 万円を現価に換算する必要があります。

それでは 10 年後の終価で比較してみましょう。現在 100 万円を年利率 10%で銀行に預金すると,10 年後の元利合計はいくらでしょうか。まず 1 年後から考えてみましょう。1 年後には

100 万円 + 100 万円 × 0.1

= 100 万円 × (1 + 0.1) = 110 万円

となります。同じように 2 年後は

110 万円 × (1 + 0.1)

= 100 万円 × (1 + 0.1)^2 = 121 万円

となります。では 10 年後は

100 万円 × (1 + 0.1)^{10}

このように,現価を終価に換算するには $(1 + i)^n$ を掛けることで求めることができます。

そこで,一般的に,現価 P,利率 i,期間 n,元利合計の終価を F として,

$$F = P \times (1 + i)^n$$

と表すことができます。この $(1 + i)^n$ を「終価係数」といい,$[P \to F]_n^i$ と表記することにします。この $[P \to F]_n^i$ は巻末にある表のことです。たとえば,$[P \to F]_{10}^{10\%}$ は,$[P \to F]_n^i$ の表の $i = 10\%$, $n = 10$ の値である 2.59374 を表して

います。そこで，

$F = P \times [P \to F]_n^i = 100万円 \times [P \to F]_{10}^{10\%}$
$= 100万円 \times 2.59374 = 259.374万円$

（これは千住・伏見先生の著書『経済性工学の基礎』で使われている記号です）

この結果，現価100万円の終価は，10％の利率で10年後には約259万円です。したがって10年後の200万円よりも大きくなります。

② 終価から現価への換算

次に現価で比較してみましょう。10年後の終価200万円は，現価でいくらでしょうか。これは，10年後に200万円になる預金は，今いくら預金すればいいか，という問題と同じです。今預ける金額 X，年利率を10％として，10年後の200万円は，

$X \times (1 + 0.1)^{10} = 200万円$

となるので，

$X = 200 \times \dfrac{1}{(1+0.1)^{10}}$

このように終価を現価に換算するには $\dfrac{1}{(1+i)^n}$ を掛けることで求めることができます。一般的に，終価 F，利率 i，期間 n，現価を P とすると

$P = F \times \dfrac{1}{(1+i)^n}$

この $\dfrac{1}{(1+i)^n}$ を「現価係数」といい，$[F \to P]_n^i$ と表記することにします。$[F \to P]_n^i$ は巻末の表のことです。$[F \to P]_{10}^{10\%}$ は，表の $i = 10\%$，$n = 10$ の値である 0.38554 を表しています。

$P = F \times [F \to P]_n^i = 200万円 \times [F \to P]_{10}^{10\%}$
$= 200万円 \times 0.38554 = 77.108万円$

この結果，10年後の終価200万円は，現価で約77万円です。やはり今の100万円の方が大きくなります。

3-3. 現価と年価の換算

① 年価から現価への換算

自動車の購入を検討している人がいます。この自動車を現金で購入すると100万円ですが、これを毎年末の分割払いにすると15万円ずつ10年間支払わなければなりません。どちらが得でしょうか。このとき、100万円は現価ですが15万円は年価ですから、比較する時点をそろえなければなりません。

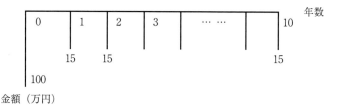

上の図は、「キャッシュフロー図」といいます。縦軸がキャッシュフロー、横軸が年数です。0の時点は現在を、それ以後1年後、2年後…を表します。

まず、現価にそろえて比較してみましょう。年価は毎年同じ金額ですので、これをすべて現在価値に換算して合計をとります。資本コストを10％とします。

1年後の年価15万円を現在価値にするためには、1年分割引きます。つまり、

$$P = 15 万円 \times \frac{1}{(1+0.1)^1}$$

2年後の年価15万円を現在価値にするためには、2年分割引きます。つまり、

$$P = 15 万円 \times \frac{1}{(1+0.1)^2}$$

この年価を10年分集めたものが現価になります。

$$P = 15\,万円 \times \frac{1}{(1+0.1)^1} + 15\,万円 \times \frac{1}{(1+0.1)^2} \cdots \cdots + 15\,万円 \times \frac{1}{(1+0.1)^{10}}$$

$$= 15\,万円 \times \left(\frac{1}{(1+0.1)^1} + \frac{1}{(1+0.1)^2} + \cdots \cdots + \frac{1}{(1+0.1)^{10}} \right)$$

この式の右の部分の合計を「年金現価係数」といい，$[A \to P]_n^i$ と表記します。この係数は巻末の表「年金現価係数 $[A \to P]_n^i$」から，$i = 10\%$，$n = 10$ は 6.14457 とわかります。

$$P = A \times [A \to P]_n^i = 15\,万円 \times [A \to P]_{10}^{10\%}$$

$$= 15\,万円 \times 6.14457 = 92.1686\,万円$$

この結果，「分割払い」の現価は約92万円ですから，現在100万円で購入するよりも安くなります。

② 現価から年価への換算

今度は現価100万円を年価に換算してみましょう。今度は，複利係数表だけで考えてみましょう。現価を年価に換算する係数は，「資本回収係数」といい，$[P \to A]_n^i$ と表記します。この係数は巻末の表「資本回収係数 $[P \to A]_n^i$」から，$i = 10\%$，$n = 10$ は 0.16275 とわかります。

$$A = P \times [P \to A]_n^i = 100\,万円 \times [P \to A]_{10}^{10\%}$$

$$= 100\,万円 \times 0.16275 = 16.275\,万円$$

この結果，現在の購入価格100万円を年価に換算すると，約16.3万円ですから，「分割払い」の15万円より高くなることがわかります。

3-4. 年価と終価の換算

① 年価から終価への換算

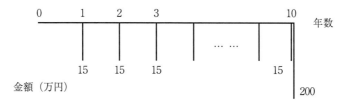

たとえば，10年後に200万円必要な人がいます。年利率10％で毎年末15万円ずつ10年間積み立て預金していくと，10年後に200万円貯まっているでしょうか。この貯金の計画を図にしたものが上のキャッシュフロー図です。

毎年末の年価を10年後の終価に換算して比較してみましょう。まず，1年後の初めての預金15万円は，10年後の最終時点まで預金されるので，預金期間は9年ですから，9年後の元利合計は，

15万円 × $(1 + 0.1)^9$
= 15万円 × 2.35795 = 35.36925万円

になります。2年後の2回目の預金15万円は，10年後までに8年間預金しますので，元利合計は，

15万円 × $(1 + 0.1)^8$
= 15万円 × 2.14359 = 32.15385万円

以下，同様にして10年後まで毎年の預金額を預金期間に応じて計算し，その合計を取ります。

$$F = 15\,\text{万円} \times \{(1 + 0.1)^9 + (1 + 0.1)^8 + \cdots\cdots + (1 + 0.1)^1 + 1\}$$

この式の右の部分の合計を「年金終価係数」といい，$[A \to F]_n^i$ と表記します。この係数は巻末の表「年金終価係数 $[A \to F]_n^i$」から，$i = 10\%$，$n = 10$ は 15.9374 とわかります。

$$F = A \times [A \to F]_n^i = 15\,\text{万円} \times [A \to F]_{10}^{10\%}$$
$$= 15\,\text{万円} \times 15.9374 = 239.0610\,\text{万円}$$

つまり，年価15万円，利率10％，期間10年の終価は約239万円ですから，200万円を超えることがわかります。

② 終価から年価への換算

では，年利率10％，10年後にちょうど200万円になるように毎年末積立預金するといくらずつ預金すればいいでしょうか。これは10年後の終価を毎年末の年価に換算する問題です。今度も，複利係数表から考えてみましょう。終価を年価に換算する係数は，「減債基金係数」といい，$[F \to A]_n^i$ と表記します。この係数は巻末の表「減債基金係数 $[F \to A]_n^i$」から，$i = 10\%$，$n = 10$ は 0.06275 とわかります。

$$A = F \times [F \to A]_n^i = 200\,\text{万円} \times [F \to A]_{10}^{10\%}$$
$$= 200\,\text{万円} \times 0.06275 = 12.55\,\text{万円}$$

この結果，毎年末12.55万円預金すると10年後にちょうど200万円になります。

資金価値のまとめ

1. 時点をそろえる

時点が異なるキャッシュフローを比較するためには，時点をそろえることが必要です。比較の時点をそろえるためには，換算しなければなりません。利率と期間がわかれば，複利係数表を利用して容易に換算することができます。

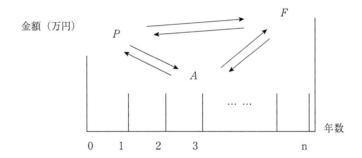

P から F を求める　$[P \rightarrow F]_n^i$　　F から P を求める　$[F \rightarrow P]_n^i$
P から A を求める　$[P \rightarrow A]_n^i$　　A から P を求める　$[A \rightarrow P]_n^i$
A から F を求める　$[A \rightarrow F]_n^i$　　F から A を求める　$[F \rightarrow A]_n^i$

特に注意することは，年価の特徴です。
① 年価は毎年同じ金額であること
② 毎年末にキャッシュフローが生じること
③ 時点 0 からみると 1 年後から最後の n 年後まで続く

ということです。

2. キャッシュフロー図

キャッシュフロー図では，横軸が時間軸です。時点0は現在時点，時点1は第1期末ですから，時点0と時点1の間が第1期です。また，縦軸はキャッシュフローを表します。キャッシュインを上方向に，キャッシュアウトを下方向に示します。

3. 期間が無限の年金現価係数 $[A \to P]_n^i$ と資本回収係数 $[P \to A]_n^i$

年金の計算や企業価値などいつまで続くかわからないキャッシュフローの計算では，期間を無限として計算します。巻末の「年金現価係数 $[A \to P]_n^i$」をみるとわかるように，たとえば，10％の場合，期間が長くなるにつれて年金現価は10に近づきます。20％では5に，25％では4に近づいています。

これは年金現価係数が $\dfrac{1}{i}$ に収束することを示しています。つまり，

$$[A \to P]_\infty^i = \frac{1}{i}$$

となります。同じように，巻末の「資本回収係数 $[P \to A]_n^i$」をみるとわかるように，期間が長くなると資本回収係数は i に収束することを示しています。つまり，

$$[P \to A]_\infty^i = i$$

となります

(参考) 以下の関係があります。

$$[P \to F]_n^i = \frac{1}{[F \to P]_n^i}$$

$$[P \to F]_n^i \times [F \to A]_n^i \times [A \to P]_n^i = 1$$

3-5. 金額か，利率か，期間か

キャッシュフローは利率と期間によって価値を変化させます。たとえば今100万円投資すると，これから毎年末に30万円ずつ収入がある投資案があります。この投資案が経済的に有利かどうかは，利率と期間によって変わります。投資案は，①いくら経済的か（金額），②何年で経済的になるか（期間），③何％の割合で経済的か（利率），の3つで調べることができます。

① いくら経済的か（金額）

資本コストを10％，期間を5年とすると，収入のキャッシュインと投資のキャッシュアウトから得られる正味のキャッシュフローはいくらでしょうか。

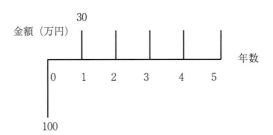

投資する100万円は現価ですが，毎年末の収入30万円は年価なので，時点をそろえて比較します。現価にそろえてみましょう。

$P = 30\text{万円} \times [A \to P]_5^{10\%} - 100\text{万円}$
$\quad = 30\text{万円} \times 3.79079 - 100\text{万円} = 13.7237\text{万円}$

この結果，資本コスト10％の場合には，5年分の収入の現価が1,137,237円，投資額は100万円ですから，137,237円の正味キャッシュフローを得ることが

できるとわかります。

　この場合の 137,237 円のことを「正味現在価値」(Net Present Value：NPV) といい，収入分と支出分を現在価値に換算して比較した差額のことです。

　終価で比較した差額は「正味終価」(Net Final Value：NFV)

　年価で比較した差額は「正味年価」(Net Annual Value：NAV)
といいます。正味終価，正味年価を求めてみましょう。

$$\text{正味年価}：A = 30\,\text{万円} - 100\,\text{万円} \times [P \rightarrow A]_5^{10\%}$$
$$= 30\,\text{万円} - 100\,\text{万円} \times 0.2638 = 3.62\,\text{万円}$$
$$\text{正味終価}：F = 30\,\text{万円} \times [A \rightarrow F]_5^{10\%} - 100\,\text{万円} \times [P \rightarrow F]_5^{10\%}$$
$$= 30\,\text{万円} \times 6.1051 - 100\,\text{万円} \times 1.61051 = 22.102\,\text{万円}$$

　これは，この投資案から得られる正味のキャッシュフローを，今すぐもらうと約 13.7 万円，毎年末 3.62 万円を 5 年間もらう，5 年後にまとめてもらうと約 22.1 万円という意味です。つまり，この投資案は，採算がとれるということです。

② 何年で経済的になるか（期間）

　この投資は何年で元が取れるのでしょうか。このことを「投資の回収期間」といい，回収するキャッシュフローと投資額とが等しくなる期間 n のことです。つまり，

$$100\,\text{万円} = 30\,\text{万円} \times [A \rightarrow P]_n^{10\%}$$

この式の両辺を 30 万円で割ると

$$3.333 = [A \rightarrow P]_n^{10\%}$$

　ここで，巻末の複利係数表の「年金現価係数 $[A \rightarrow P]_n^i$」を見てください。$i = 10\%$ の欄を下に見ていき，3.333 に近づく n を探します。4 年は 3.16987，5 年は 3.79079 ですので，この投資は 4 年では元が取れず，5 年でもうけがでることがわかります。正確には 4.254 年と求めることができます。このように投資の回収期間が計画期間よりも短い場合，「採算が取れる」と判断します。

回収期間＜計画期間

③ 何％の割合で経済的か（利率）

一般に投資額に対するキャッシュフローの割合を表す「利率」はいくつかあります。ここで説明するのは PIC（Profit Index under Constraints）と内部利益率（Internal Rate of Return：IRR）です。

（1）PIC

PIC は第2章で説明しましたが，キャッシュフローの効率を表す指標です。キャッシュフローを制約している資源で割った PIC は，資源1単位当たりのキャッシュフローの効率です。

$$PIC = \frac{キャッシュフロー}{制約資源}$$

投資資金に制限があってすべての投資案に投資できない場合，投資資金を効率的に運用するためには，キャッシュフローの効率で投資しなければなりません。この効率を表す指標が PIC です。投資案の場合，回収した正味のキャッシュフロー，つまり正味現在価値（NPV）を投資額で割った利率が PIC です。

$$PIC = \frac{キャッシュフロー}{制約資源} = \frac{正味現在価値}{投資額} = \frac{137{,}237}{1{,}000{,}000} = 0.137237$$

PIC がプラスなので，この投資案は採用すべきです。

（2）内部利益率（IRR）

たとえば100万円投資し，1年後130万円回収したとすると，この投資案の利益率（IRR）は30％です。いいかえると，130万円を1年間割引いたときに100万円になる利率が IRR です。つまり，投資案の正味現在価値がゼロになる利率のことなのです。この投資案の NPV を求める式を考えてみましょう。

$$NPV = 130 \times [F \to P]_i^1 - 100$$

ここで NPV を0とすると，

$$0 = 130 \times [F \to P]_1^i - 100$$
$$130 \times [F \to P]_1^i = 100$$
$$[F \to P]_1^i = \frac{100}{130} = \frac{1}{(1+0.3)}$$
$$i = 0.3$$

これでわかるように，この投資案の内部利益率は30％となります。

同じように初めの投資案について，内部利益率を求めると，

$$NPV = 30 \text{万円} \times [A \to P]_5^i - 100 \text{万円} = 0$$
$$30 \text{万円} \times [A \to P]_5^i = 100 \text{万円}$$
$$[A \to P]_5^i = 3.333$$

ここで，巻末の複利係数表の「年金現価係数 $[A \to P]_n^i$」を見てください。$n = 5$ の欄を横に見ていき，3.333に近づく i を探します。15％は3.35216，20％は2.99061です。正確には15.24％と求めることができます。つまり，この投資を預金で考えると，利率15.24％の積立預金に毎年末30万円ずつ積み立てる預金の現在価値はちょうど100万円ということです。この例の場合，投資案の内部利益率が15.24％ですから，資本コスト10％を上回っていますので，「投資の採算が取れる」と判断します。

資本コスト ＜ 内部利益率

もし，内部利益率が資本コストを下回っていれば，「投資の採算が取れない」ことになります。内部利益率は，一般によく利用されている指標ですが，理論的な問題をかかえているので，利用する場合には注意が必要です。詳しくは次章末で説明します。

（参考）PI（Profit Index）という指標があります。この指標の定義は以下です。

$$PI = \sum_{t=0}^{n} R_t \Big/ (1+\tilde{i})^t \div \sum_{t=0}^{n} I_t \Big/ (1+\tilde{i})^t$$

PIはキャッシュアウトフローに対するキャッシュインフローの割合を示す指標ですが，常に正しい選択基準とは限りません（詳しくは香取［2011］参照）。

3-6. 一般的な投資案の採算性

一般的な投資案のキャッシュフローについて考えてみましょう。下のキャッシュフロー図のように，まず初めに投資があり，その後キャッシュフローが不規則に生じます。各年のキャッシュフローは，キャッシュイン総額からキャッシュアウト総額を引いた純額（ネット）です。

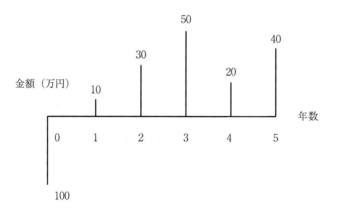

前節からわかったように，投資案の採算性は，①金額，②期間，③率で調べることができます。

① 金　額：資本コストを 10% として計算します。

$P = 10 \times [F \to P]_1^{10\%} + 30 \times [F \to P]_2^{10\%} + 50 \times [F \to P]_3^{10\%}$
$\quad + 20 \times [F \to P]_4^{10\%} + 40 \times [F \to P]_5^{10\%} - 100 = 9.9\,$万円

$F = 10 \times [P \to F]_4^{10\%} + 30 \times [P \to F]_3^{10\%} + 50 \times [P \to F]_2^{10\%} + 20 \times$
$\quad [P \to F]_1^{10\%} + 40 - 100 \times [P \to F]_5^{10\%} = 9.9 \times [P \to F]_5^{10\%} = 15.9\,$万円

$A = 9.9 \times [P \to A]_5^{10\%} = 15.9 \times [F \to A]_5^{10\%} = 2.62\,$万円

正味現価，正味終価，正味年価ともにプラスですから，この投資案は採算が取れることがわかります。

② 期　　間：

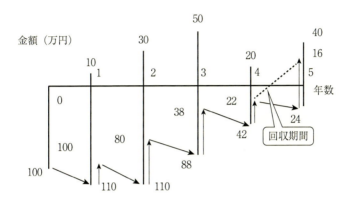

回収期間には，金利を考えた回収期間と考えない回収期間とがあります。金利を考えた回収期間は，上の図のように投資額100万円が回収された期間です。投資額100万円は1年後に10％の金利（10万円）を加え，10万円のキャッシュフローによって回収されると100万円の投資残高となります。

$-100-10+10 = -100$

同様に2年目は，100万円に10％の金利（10万円）を加え，30万円のキャッシュフローによって回収されると80万円の投資残高となります

$-100-10+30 = -80$

その結果，借入金の残高が無くなるのは4年と5年の間つまり，正確に求めると $4 + \frac{22}{(22+16)}$ ＝ 4.58年となります。もしこの投資案の計画期間が5年の場合には，投資の採算は取れますが，計画期間が4年の場合には採算が取れません。

金利を考えない回収期間は，単純に毎年のキャッシュフローを合計して投資額と等しくなる期間を求めます。この場合には，－100 ＝ 10（1年）＋ 30（2年）

＋50（3年）＋10（4年）ですから3年と4年の間，正確には $3 + \frac{10}{20} = 3.5$ 年となります。回収期間は，投資案の採算性を判断するものではなく，あくまで安全性を示すものです。

③ 率：

(1) PIC： $PIC = \dfrac{キャッシュフロー}{制約資源} = \dfrac{NPV}{投資額} = \dfrac{9.9}{100} = 0.99 > 0$

PICがプラスなので，この投資案は採算がとれると判断できます。

(2) IRR： $NPV = 10 \times [F \to P]_1^i + 30 \times [F \to P]_2^i + 50 \times [F \to P]_3^i$
$\quad\quad\quad + 20 \times [F \to P]_4^i + 40 \times [F \to P]_5^i - 100 = 0$

この式の i を求めるには，i に適当な数値を代入して求めます。i に0.1を代入すると9.95，0.15を代入すると－4.42になります。そこで

$$(9.95 + 4.42) : (4.42) = (0.15 - 0.1) : (0.15 - x)$$
$$0.15 - x = \frac{(0.15 - 0.1) \times (4.42)}{(9.95 + 4.42)}$$
$$x = 0.1346$$

この投資案の利益率は13.46％ですから，この会社の資本コストが13.46％以下であれば，採算がとれることになります。Excelの関数を使って簡単に求めることもできます。

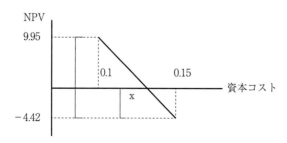

Excelの関数

この章の計算は，Excelの関数を使って計算できます。下の表のように「何を求めるか」によって7つの関数があります。

求める値	関　数
終価	FV
現価	PV, NPV
年価	PMT
期間	NPER
率	RATE, IRR

本章 pp.106 – 121 の例題で考えてみましょう。

① 終価を求める関数　FV

「現在の100万円を年利率10％で銀行に預金すると，10年後の元利合計はいくらか」という問題を例に説明します。現価から終価を求める関数には，終価を求める関数FVを使います。「数式」→「財務」→「FV」を選択すると，下のようなボックスが現れます。

FV

利率	
期間	
定期支払額	
現在価値	
支払期日	

「利率」，「期間」，「現在価値」の数値か数値の入っているセルを指定します。

FV	
利率	0.1
期間	10
定期支払額	
現在価値	-1000000
支払期日	

現在価値に「-」を付けます。Excel では投資・回収というパターンで考えるようになっているため、投資「-」が回収されて「+」で表示されます。結果は¥2,593,742 です。

同様に、「毎年末に 15 万円ずつ 10%の積立預金では、10 年後にはいくらになるか」という問題も、終価を求める関数 FV を使います。以下のようになります。

FV	
利率	0.1
期間	10
定期支払額	-150000
現在価値	
支払期日	

なお、「支払期日」とは年価について、「毎年末」の場合に既定値として「0」、「毎年初め」の場合に「1」を入れて求めることができます（「毎年初めに 15 万円ずつ 10%の積立預金では、10 年後にはいくらになるか」という場合に「1」を入れます）。結果は¥2,390,614 です。

② 現価を求める関数　PV

今度は「年利率 10%、10 年後にちょうど 200 万円にするためには今いくら預金すればいいか」という例で説明します。年価から現価を求めるには、現価を求める関数 PV を使います。「数式」→「財務」→「PV」を選択します。

PV	
利率	0.1
期間	10
定期支払額	
将来価値	-2000000
支払期日	

このボックスも「利率」,「期間」に数値かセルを指定します。「将来価値」が終価のことです。ここでも「−」を付けます。結果は¥771,087です。

同じように年価から現価を求める関数もPVです。

③ 年価を求める関数　PMT

「年利率10%，10年後にちょうど200万円にするためには毎年末いくらずつ積立てればいいか」という例で説明します。終価から年価を求めるには，年価を求める関数PMTを使います。「数式」→「財務」→「PMT」を選択し，数値を入力します。

PMT	
利率	0.1
期間	10
現在価値	
将来価値	−2000000
支払期日	

結果は¥125,491です。同じように現価から年価を求める関数も，PMTです。

④ 期間を求める関数　NPER

「100万円投資すると，資本コストを10%として毎年末に30万円ずつ収入がある投資案」は何年で元が取れるでしょうか。この投資回収期間を求める関数がNPERです。「数式」→「財務」→「NPER」を選択し，数値を入力します。その結果，4.254が求められます。

NPER	
利率	0.1
定期支払額	300000
現在価値	−1000000
将来価値	
支払期日	

⑤ 率を求める関数　RATE

「100万円投資すると，毎年末に5年間30万円ずつ収入がある投資案」の投資効率はいくらでしょうか。この投資効率を求める関数がRATEです。「数式」→「財務」→「RATE」を選択し，数値を入力すると，15.24％を求めることができます。

```
RATE
期間        5
定期支払額   300000
現在価値    -1000000
将来価値
支払期日
```

毎期のキャッシュフローが異なる場合，現在価値や利益率を簡単に求めることができる関数がNPVとIRRです。前節の例題（p.118）で求めてみましょう。以下のように数値を入力します。

	A	B	C	D	E	F
1	0	1	2	3	4	5
2	-100	10	30	50	20	40

⑥ 現在価値を求める関数　NPV

「数式」→「財務」→「NPV」を選択します。

「割引率」には資本コスト（10%）を入力します。

「値1」には，現在価値に割引きたい第1期末（B2）から第5期末（F2）のキャッシュフローを指定します。そのとき，ドラッグしながら「範囲指定」します。そして，「Enter」を押すと「数式バー」に

$$= \text{NPV}\,(0.1, \text{B2}:\text{F2})$$

と表示されます。これによって第1期末から第5期末までのキャッシュフローが現在価値に割引かれました（¥109.9）。次に，投資額100と相殺して正味の現在価値を求めます。「数式バー」で投資額を加えます（マイナス表示を加えるので相殺されます）。

$$= \text{NPV}(0.1, \text{B2:F2}) + \text{A2}$$

その結果，正味現在価値「¥9.9」が求められます。

⑦ 内部利益率を求める関数 IRR

「数式」→「財務」→「IRR」を選択します。

IRR	
範囲	A2:F2
推定値	

「範囲」は，キャッシュフローの全期間（第0期末から第5期末まで）をドラッグして「範囲指定」します。

「推定値」は，既定値として0.1が入っているので，何も入力しなくても計算に支障はありません。その結果，13.35％が得られます。

ボックスの中の用語をまとめます。

ボックスの用語	意　味
現在価値	現価
将来価値	終価
定期支払額	年価
支払期日	0（期末），1（期首）

演習問題

[3.1] 現在，100万円を金利年12％の定期預金に預けると，12年後には元利合計でいくらになるか。

[3.2] 8年後に500万円受取りたい。年利率が5％の預金に預けるとすると，今いくら預金すればいいか。

[3.3] ある年の年初に100万円を預金して，毎年末に20年間一定額ずつ引出し，20年後にちょうどゼロなるようにしたい。資本コストを20％として，毎年末にいくら引出すか。

[3.4] 2億円で設備を購入した。この設備の投資額の元利合計額を10年間で回収するために毎年均等額を償却したい。毎年末いくら償却すればよいか。資本コストを5％とする。

[3.5] 省力化のための設備を7,000万円で導入すると，3人の作業員を削減することができる。1人当りの人件費は年末払いとして400万円，この設備の寿命が8年とすると，この投資は採算があうか。資本コストを6％とする。設備の寿命が7年の場合はどうか。

[3.6] 毎年末に100万円ずつ積立預金すると，5年目末には元利合計はいくらになるか。年利率は3％である。

[3.7] 5年後に修理しなければならない設備がある。修理するのに1億円かかるので，そのための資金を5年間にわたって毎年末積立てるとすると，いくら積立てるか。資本コストが5％と10％の場合について求めなさい。

[3.8] 定年退職まであと30年を残している人が,60歳の定年時の年末に1億円を受取りたいと考えている。今から毎年初めにいくらずつ貯金すればよいか。貯金の利率は年10％である。

[3.9] 小学校に入学する子供が,中学（6年後），高校（9年後），大学（12年後）に入学するときにそれぞれ300万円ずつ受取るようにするためには,今いくら資金が必要か。また,中学入学時から大学入学時まで毎年100万円受け取るようにするためには,今いくら資金が必要か。資本コストを3％とする。

[3.10] 現在30歳の誕生日に300万円持っている人が,60歳の定年時に2億円を受取りたいと考えている。退職金は2,000万円だとすると,これから誕生日にいくらずつ積立てればいいか。また,30歳の誕生日から毎年,誕生日に積立てる場合はいくらか。資本コストを5％とする。

[3.11] ある会社では5年間の契約でパソコン50台をリースで借りることを検討している。毎年期首に300万円をリース料として支払うことになるが,もしこのパソコンを買取るとしたらいくらで購入するか。資本コストを10％とする。購入した場合でも5年間使用する。

[3.12] 一戸建ての家を住宅ローンで購入しようと思う。頭金は1,000万円,残金は最初の5年間は毎月末に10万円,その後の5年間は毎月末に15万円,次の5年間は毎月末に20万円支払うことになっている。資本コストを月利1％とすると,この住宅の現在価値はいくらか。

[3.13] 年利8％,期間30年で2,000万円の住宅ローンを借りて,10年間毎年末に支払ってきたが,ローン金利が低下したので借り換えようと思う。年利3％,期間20年の住宅ローンに借り換えた場合,返済額は毎年度末いくらか。

[3.14] Jリーグのあるチームでは,実力選手の獲得を計画している。この選

手の獲得に成功するとチームの増収は年度末換算で初年度が1億円，2年目以降3年間は，少なくとも5,000万円であると予測されている。この選手の獲得にいくらスカウト料を払ってもよいか。資本コストを7%とする。

[3.15] 中学に入学する子供（12歳）のために，大学に入学するときの入学金（100万）と毎年の授業料（年額150万円）の4年分を，これから大学入学（18歳）までに貯金しようと思う。入学金と授業料は3月31日に前払いするとして，毎年3月31日にいくらずつ貯金すればいいか。貯金の年利率を6%とする。大学3年終了時（21歳）までに学費を全部貯金するとしたら，毎年いくらずつ貯金すればいいか。

[3.16] 現在500万円の土地がある。この土地の3年後の処分価値は500万円で変わらないと見込まれている。利率4%のとき年平均の設備費用はいくらと見積もるか。30年後でも値下がりしないとすればいくらか。

[3.17] 10年後の退職に備えて，今から預金しようと考えている。退職してから毎年末に100万円ずつ20年間引き出せるようにしたい。年利率10%として今いくら預金するか。

[3.18] ある大学の奨学金の制度では，卒業後20年間の毎年均等額を返済することになっている。100万円の入学金と4年間毎年150万円の授業料は前年度末の3月31日に支給されて支払い，卒業1年後の3月31日から返済を始めると，毎年いくら支払えばよいか。年利率を8%とする。

[3.19] オフィスビルの一室でビジネスを始めたいが，その購入方法が2つある。今全額4,000万円支払うか，頭金2,000万円支払い，残金は毎年末250万円ずつ10年間分割払いするか，どちらが有利か。資本コストを5%とする。

[3.20] ある会社では5台のコピー機の導入を計画している。リースの場合，

毎年初めに160万円のリース料を支払う。購入の場合には500万円かかるほかに，毎年初めに税金と保険料など30万円かかる。使用期間はいずれも5年間，毎年の電気代，消耗品費その他の費用は同じである。資本コストを11％とする。
① リースと購入はどちらが有利か。
② リース料がいくら以下であれば，購入よりも有利になるか。
③ 使用期間が何年未満ならば，リースの方が有利か。

[3.21] 薩摩製作所のある事業部では，倉庫に以下の部品Aの在庫を10,000個ほどかかえている。国内では，販売単価5,000円，年間1,000個程度しか売れないが，海外へ輸出すると1個2,500円で全て売りさばくことができるという。輸出する場合も国内もキャッシュフローは年度末に生じると仮定し，資本コストを12％とする。

製品1個当たり原価 （単位：円）

材 料 費	1,500
変動加工費	900
直接労務費	850
固定経費	550
合　　計	3,800

① 部品A10,000個を今年全部海外へ輸出するのと，これから10年間国内で販売するのとではどちらが有利か。
② 国内で何年間販売し，今年何個を輸出するのがいいか。

[3.22] 5年前に10億円で購入した土地が，現在20億円に値上がりした。
① この土地の値上がりを複利の預金と考えると，年何パーセントの利率か。
② 資本コストを10％とすると，この値上がりでどれだけの正味利益を得たことになるか，現価，年価，終価で計算しなさい。また，PICを求めなさい。

[3.23] ある省力化機械に1億円投資すると，毎年末の人件費が2,500万円ずつ節減される。この機械の寿命が何年以上であれば，この投資はペイするか。資本コストを12%とする。

[3.24] ある会社の売上高は今期3億円で，3年前の売上高は2億円であった。この会社の売上成長率は何パーセントか。

[3.25] 定年で退職し，退職金を3,000万円持っている人が，これを年利率7%の信託銀行に預けて毎年末に300万円ずつ引き出して使うと，この預金で何年生活できるか。

[3.26] 月利1%は，年利率は何%か。また，年利20%は，月利は何%か。半年複利4%のとき年利率は何%か（年利率i%のとき，1単位期間$1/n$年，m年の計算利率$j_{1/n}$%とj_m%は，$j_{1/n} = (1+i)^{1/n} - 1$，$j_m = (1+i)^m - 1$となる）。

[3.27] 初期投資額は1,000万円，毎期末のキャッシュインは300万円，投資の寿命は4年，資本コストは4%として，以下の問に答えなさい。
① 正味現価，正味年価，正味終価を求めなさい。
② PIC，IRRを求めなさい。
③ 金利を考えた投資回収期間と金利を考えない投資回収期間を求めなさい。

[3.28] 初期投資額が4億円，年間の操業費用が3,000万円かかる設備投資案がある。設備の使用年数を10年，資本コストを10%とする。
① この設備にかかる総費用を現価，年価，終価で示せ。
② この設備を使用して製品を生産すると，売上収益が毎年1億円ずつ生じた場合，正味現価，正味年価，正味終価を求めなさい。
③ ②の投資案のPIC，IRRを求めなさい。
④ ②の投資案の金利を考えた投資回収期間を求めなさい。

[3.29] ある設備に1億円投資すると以下のようにキャッシュフローが年度末に生じる投資案がある。この設備の使用年数は3年，資本コストを8％とする。
① 正味現価，正味年価，正味終価を求めなさい。
② PIC，IRRを求めなさい。
③ 金利を考えた投資回収期間を求めなさい。

(単位：万円)

年度	キャッシュフロー
1	2,000
2	6,000
3	5,000

[3.30] 20歳から59歳までの毎年誕生日に同額を貯金して，60歳の誕生日から亡くなるまでに毎年300万円ずつ年金を受け取ることができるためには，これからいくらずつ貯金すればいいか。貯金の利率を5％とする。

[3.31] ある有料老人施設に入居する方法が2つある。資本コストを5％とすると，どちらが有利か。
（1）毎年末400万円ずつ亡くなるまで永久に支払う。
（2）永久使用権を9,000万円で買取る。

[3.32] 2年後の開業を目指して飛行場の建設が計画されている。工事は現時点で200億円が投資され，1年後に100億円，2年後に50億円かけて完成する予定である。開業以後は4年間隔で保全費用が10億円ずつかかる。資本コストを5％として以下の問に答えなさい。
① この飛行場を建設して22年後までに必要な総投資額の現価を求めなさい（22年後の修理代もかかるものとする）。
② この飛行場を永続的に使用するには，開業から毎年末の空港使用料収入がいくら必要か。

第4章　税引後キャッシュフロー

はじめに

　この章では，今まで学んできたことをすべてまとめて設備投資の意思決定についてお話します。まず，理解しなければならないことは「税金」のことです。「税金」はキャッシュアウトですから，キャッシュフローの計算には不可欠の要素です。ところが，「税金」は会計上の「利益（課税所得）」に対して課せられるものですから，キャッシュフローの計算をするうえで会計上の「利益」を算出しなければなりません。そこで会計上の「利益」と「キャッシュフロー」との違いを説明します。

　「税引後キャッシュフロー」を理解した後は，設備投資案のいろいろなタイプについて説明します。第2章で案件のタイプによって投資案の選び方が異なることを説明しました。本章では案件のタイプによる長期投資案の選び方を説明します。長期の投資案では，将来生じるキャッシュフローを現在価値に割り引くことによって判定されます。「独立案」では，正味現在価値（NPV）の効率であるPICを基準として選択します。この場合，PICはNPVを投資額で割った値です。「排反案」では，NPVの最大のものが選択されますが，2章で学んだように差額で考えることも大切です。「混合案」では，差額のPICを基準として選択します。

　そして最後に年価法の便利な利用方法を説明します。演習問題の後半の応用問題にチャレンジしてみてください。

4-1. 税引後キャッシュフロー

　これまで税金のことを考えてきませんでしたが，現実には税金を考えなければなりません。企業は損失を出せば税金を支払いませんが，利益を出すとその額に応じて税金を支払います。税金は，会計上の利益額（課税所得）に一定の税率を掛けて計算されます。キャッシュフローの計算で使われる税率のことを実効税率といい，法人税，地方税や事業税などを含んだ税率です。税引前キャッシュフローからこの税金を控除したものを税引後キャッシュフローといいます。

　課税所得を100万円，税率を40％とすると，100 × 0.4 = 40万円が税金となります。この税金として支払われる40万円を税引前キャッシュフロー120万円から引くと，税引後キャッシュフロー80万円が求められます。

税引前キャッシュフロー	120	（単位：万円）
課税所得	100	
税　金	（−）40	=100 × 0.4
税引後キャッシュフロー	80	

　では，税引前キャッシュフローと課税所得はどう違うのでしょうか。税引前キャッシュフローは，キャッシュインからキャッシュアウトを差引いたものです。これに対して課税所得は，会計上の収益から費用を差引いた利益です。キャッシュインと収益，キャッシュアウトと費用が等しければ，税引前キャッシュフローと課税所得は等しくなりますが，多くの場合異なります。特にキャッシュアウトと費用が異なる理由の1つは，減価償却費にあります。減価償却費とは，設備などの固定資産に投資した場合，その投資にかかった金額を設備の耐用年数の期間にわたって規則的に配分した費用です（第1章末参照）。

固定資産を購入したとき，つまり投資したときにキャッシュアウトが生じますが，各期の減価償却ではキャッシュアウトが生じません。したがって，各期の課税所得と税引前キャッシュフローとでは減価償却費分の差額が生じます。つまり，課税所得は税引前キャッシュフローから減価償却費を差引いたものです。たとえば，購入価額100万円，耐用年数5年，定額法では減価償却費は20万円です。税引前キャッシュフローを120万円とすると，課税所得は，減価償却費20万円を差引いて100万円となります。

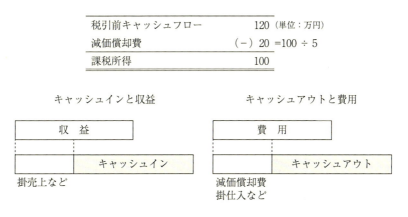

キャッシュフローと利益（課税所得）が異なるのは，費用や収益として処理される時点とキャッシュフローの時点が異なるからです。費用や収益とキャッシュフローが同時に発生するものもあれば，減価償却費のように時間差のあるものもあります。たとえば，売上でも現金売上や当座売上はキャッシュインとなりますが，掛売上は月末まで時間差が生じますし，手形売上では何カ月も時間差が生じます。

キャッシュフローを正確に求めるには，この時間差のある項目の金額を調整しなければなりません。キャッシュフローとの時間差が大きいかあるいは時期がわからないものを「非現金項目」といいます。この項目には減価償却費と退職給付引当金などの引当金が入ります。キャッシュフローとの時間差が比較的短いものは，掛売上や在庫などの流動資産や掛仕入などの無利子の債務です。正確には現金以外の流動資産と無利子債務の差額を「運転資本」といいます

が，この「運転資本」の増減額はキャッシュフローと時間差を生じます。

一方，機械や設備の購入にかかる「投資」は，費用・収益ではありませんがキャッシュアウトを生じます。そこで

キャッシュフロー＝「利益」＋「非現金項目」－「運転資本増減」－「投資」

となります。財務諸表からキャッシュフロー計算書を作成して当期のキャッシュフローを計算する場合や，将来生じるキャッシュフローが費目ごとにある程度わかる場合にはこのように計算しますが，減価償却費以外はわからない場合には，年度末に一括してキャッシュフローが生じたものとして計算します。

なお，ここで注意するのは支払利息です。支払利息はキャッシュアウトを生じますが，キャッシュフローでは計算しません。第3章の「資金の時間的価値」ではキャッシュフローを資本コストで割引計算しました。さらに支払利息をキャッシュアウトとすると，利息の二重計算になってしまいます。また，借入金の返済や配当金の支払いもキャッシュアウトとしません。これらは，キャッシュインとキャッシュアウトの結果生じたキャッシュフローの使い道の話と考えるからです。

それでは，税引前と税引後のキャッシュフローを求めてみましょう。

今，1,000万円の設備投資をすると，現状に比べて年額で売上収益が500万円，費用（減価償却費以外）が150万円増加し，5年間持続すると予想される投

(単位：万円)

	期	0	1	2	3	4	5
（1）設備投資		－1,000					
（2）売上収益増分			500	500	500	500	500
（3）費用増分			150	150	150	150	150
（4）税引前キャッシュフロー	(2)－(3)	－1,000	350	350	350	350	350
（5）減価償却費（定率法）	0.4		400	240	144	108	108
（6）課税所得	(4)－(5)		－50	110	206	242	242
（7）税　　金	(6)＊0.4		－20	44	82	97	97
（8）税引後キャッシュフロー	(4)－(7)	－1,000	370	306	268	253	253

資案があります。この設備の耐用年数は5年、減価償却方法は定率法（償却率0.4）、保証率は0.10800、実効税率40％。5年間の操業が終了した時点で設備は撤去されスクラップとして売却されますが、その時点の撤去費用とスクラップ価格はほぼ同額と想定されます。

第1期に課税所得がマイナス（−50万円）、税金もマイナス（−20万円）になっています。これは、その分利益にかかる税金が軽減されているためです。たとえば、この投資案以外の事業で利益が200万円あるとします。この投資案がなければ税金は、

200 × 40％ = 80万円

となりますが、この投資案を実施すると

（200 − 50）× 40％ = 60万円

に軽減されます。つまり、税金が20万円少なくなります。

(参考) 実効税率とは、損金になる税金と損金にならない税金から求めた実質の税率。
　　　　損金になる税金：事業税、事業所税、不動産取得税、自動車税、固定資産税、都市計画税など
　　　　損金にならない税金：法人税、地方法人税、都道府県民税、市町村民税、消費税など

$$実効税率 = \frac{法人税 \times (1 + 住民税率) + 事業税率}{1 + 事業税率}$$

4-2. 投資案を作ってみよう

① 予想事業計画を立てる

投資の規模や販売価格と販売数量の予測は難しいですが，さまざまなシナリオを考えることは重要です。この計画では，売上予想に基づいて材料費・変動加工費と人件費を見積もっています。減価償却は定率法，耐用年数5年，保証率0.108，実効税率40％（単位：万円）。

		期	0	1	2	3	4	5
（1）	売上高	input		500	1,500	2,500	3,500	1,500
（2）	材料費・変動加工費	(1)*0.6		300	900	1,500	2,100	900
（3）	人件費	200 + (1)*0.1		250	350	450	550	350
（4）	減価償却費（定率法）	0.4		400	240	144	108	108
（5）	固定経費	50		50	50	50	50	50
（6）	営業利益	(1)−sum((2):(5))		−500	−40	356	692	92
（7）	投資額	input	1,000					

② 計画財務諸表を作る

この表の支払利息の利率は，資本コスト10％です。第1期の支払利息（100）は，前期の借入金残高（1,000）の10％です。また，借入金は利益ではなく，キャッシュフローによって返済されます。この場合は，減価償却費以外をキャッシュフローと考えていますので，キャッシュフローは税引後利益と減価償却費の合計額として求めます。たとえば，第0期の借入金（1,000）は，減価償却費（400）と税引後利益（−360）の合計額（40）であるキャッシュフローによって返済されるので，第1期の借入金残高（960）になります。

留保利益は，税引後利益の蓄積額です。この表では，定率法による減価償却費が第1期，第2期に大きく，利益を圧迫していることがわかります。

損益計算書	期	0	1	2	3	4	5
(1) 売上高	input		500	1,500	2,500	3,500	1,500
(2) 材料費・変動加工費	(1)*0.6		300	900	1,500	2,100	900
(3) 人件費	200+(1)*0.1		250	350	450	550	350
(4) 減価償却費(定率法)	0.4		400	240	144	108	108
(5) 固定経費	50		50	50	50	50	50
(6) 営業利益	(1)−sum((2):(5))		−500	−40	356	692	92
(7) 支払利息	前(22)*0.1		100	96	80	49	0
(8) 税引前利益	(6)−(7)		−600	−136	276	643	92
(9) 法人税	(8)*0.4		−240	−54	110	257	37
(10) 税引後利益	(8)−(9)		−360	−82	166	386	55
貸借対照表							
(21) 固定資産	前(21)−(4)	1,000	600	360	216	108	0
(22) 借入金	前(22)−(10)−(4)	1,000	960	802	492	−2	−165
(23) 留保利益	前(23)+(10)		−360	−442	−276	110	165

③ キャッシュフロー表を作る

この表で支払利息がゼロになっているのは，前節で説明したように二重計算を避けるためです。税引後キャッシュフローは税引後利益と減価償却費の合計額です。

キャッシュフロー表	期	0	1	2	3	4	5
(1) 売上高	input		500	1,500	2,500	3,500	1,500
(2) 材料費・変動加工費	(1)*0.6		300	900	1,500	2,100	900
(3) 人件費	200+(1)*0.1		250	350	450	550	350
(4) 減価償却費(定率法)	0.4		400	240	144	108	108
(5) 固定経費	50		50	50	50	50	50
(6) 営業利益	(1)−sum((2):(5))		−500	−40	356	692	92
(7) 支払利息	0		0	0	0	0	0
(8) 税引前利益	(6)		−500	−40	356	692	92
(9) 法人税	(8)*0.4		−200	−16	142	277	37
(10) 税引後利益	(8)−(9)		−300	−24	214	415	55
税引後キャッシュフロー表							
(21) 投資額		−1,000					
(22) 税引後キャッシュフロー	(10)+(4)	−1,000	100	216	358	523	163

次節ではこの税引後キャッシュフローで計画を判定します。

4-3. 税引後の投資案の採算性

　税引後キャッシュフローによって投資案の採算性が判定できます。ここで大切なことは，税引後キャッシュフローの計算には税引後資本コストを用いることです。たとえば，100万円を投資して，10%の利益10万円を得たとします。税率が40%だとすると，税金を引いて6万円が税引後の利益です。この税引後の利益6万円は，税引前の利益10万円に（1－40%）を掛けて求めることができます。

　税引後利益（6万円）＝税引前利益（10万円）×（1－税率（40%））

同じように税引後資本コストは，

　税引後資本コスト＝税引前資本コスト×（1－税率）

税引前資本コストを10%，税率を40%とすると税引後資本コストは，
　＝10%×（1－40%）＝6%　　となります。
　では，前節の例で①金額，②期間，③率について，投資案の採算性を税引後資本コストを使って調べてみましょう。
① 金額とは，税引後キャッシュフローの正味現在価値（NPV），正味年価（NAV），正味終価（NFV）を求めることです。

$NPV = 100 \times [F \to P]_1^{6\%} + 216 \times [F \to P]_2^{6\%} + 358 \times [F \to P]_3^{6\%}$
$\qquad + 523 \times [F \to P]_4^{6\%} + 163 \times [F \to P]_5^{6\%} - 1,000 = 123$

　NAVとNFVはNPVから直接求めます。

$NAV = 123(NPV) \times [P \to A]_5^{6\%} = 29$
$NFV = 123(NPV) \times [P \to F]_5^{6\%} = 165$

　この結果，この投資案は正味現在価値，正味年価，正味終価がプラスなので，採算がとれることがわかります。
② 金利を考えた投資回収期間は，第3章ではグラフを使って求めましたが，

ここでは表で説明します。下の表では投資額1,000万円がキャッシュフローによって回収される様子を表しています。投資額1,000万円は，1年後に6％の金利（60万円）を加え，100万円の税引後キャッシュフローによって回収されると960万円の投資残高となります。

$-1,000 - 60 + 100 = -960$

以下同じように計算して，投資額がマイナスからプラスになる時点で投資額が回収されたことになります。この場合，残高がマイナス（3年）からプラス（4年）に変わる年数が投資回収期間となります。

	0	1	2	3	4	5
税引後キャッシュフロー	$-1,000$	100	216	358	523	163
金利（6％）		-60	-58	-48	-30	0
残高	$-1,000$	-960	-802	-492	2	165

正確に求めると，$3 + 492 \div (492 + 2) = 4$ 年となります。

金利を考えない場合の回収期間は，単純に投資額に税引後キャッシュフローを加算して，残高がプラスに変わる年数のことです。

正確に求めると，$3 + 326 \div (326 + 197) = 3.62$ 年となります。

	0	1	2	3	4	5
税引後キャッシュフロー	$-1,000$	100	216	358	523	163
残高	$-1,000$	-900	-684	-326	197	360

投資回収期間は，投資案の採算性を示すものではなく，あくまで安全性を示すものです。

③ 投資効率は以下のように求めます。

(1) PIC：$PIC = 123 \div 1,000 = 0.123$

PICがプラスなので，この投資案は採用すべき，と判断できます。

(2) IRR：$NPV = 100 \times [F \rightarrow P]^i_1 + 216 \times [F \rightarrow P]^i_2 + 358 \times [F \rightarrow P]^i_3$
$\qquad + 523 \times [F \rightarrow P]^i_4 + 163 \times [F \rightarrow P]^i_5 - 1,000 = 0$

$\qquad i = 9.89\% > 6\%$

4-4. 独立案

チェーン展開しているコンビニ本社では，出店候補として以下の投資案を検討しています。資金が300百万円，400百万円，500百万円の場合，どの店舗に出店するのがいいでしょうか。これは独立案からの選択問題です。ここでは正味現在価値（NPV），内部利益率（IRR），PIC，回収期間を基準として，有利な案件を選択してみましょう。税引後資本コストは10%とします（単位：百万円）。

	0	1	2	3
A	-100	50	55	45
B	-200	10	270	22
C	-300	300	40	80
D	-400	-10	80	580

A案についてNPV (A)，PIC (A)，IRR (A)，回収期間 (A) を求めてみましょう。

$NPV(\text{A}) = 50 \times [F \to P]_1^{10\%} + 55 \times [F \to P]_2^{10\%} + 45 \times [F \to P]_3^{10\%} - 100$
$\phantom{NPV(\text{A})} = 24.7$

$PIC\ (\text{A}) = \dfrac{24.7}{100} = 24.7\%$

$NPV(\text{A}) = 50 \times [F \to P]_1^i + 50 \times [F \to P]_2^i + 50 \times [F \to P]_3^i - 100 = 0$
$IRR\ (\text{A}) = 23.8\%$

	0	1	2	3
税引後キャッシュフロー	-100	50	55	45
金利（10%）		-10	-6	-1.1
残高	-100	-60	-11	32.9

回収期間 (A) $= \dfrac{11}{(11+32.9)} + 2 = 2.251$

同様にして，各案件のNPV，PIC，IRR，回収期間を求め，順位づけると，以下のようになります。

	投資額	NPV	順位	IRR	順位	PIC	順位	回収期間	順位
A	100	24.7	④	23.8%	②	24.7%	①	2.251	③
B	200	48.8	③	22.5%	③	24.4%	②	1.843	②
C	300	65.9	②	27.0%	①	22.0%	④	1.811	①
D	400	92.8	①	18.2%	④	23.2%	③	2.771	④

資金が300百万円，400百万円，500百万円の各場合，NPVを基準とすると，どの案が選択されるでしょうか。まず，300百万円ではC案，400百万円ではD案，そして500百万円ではD案とA案が選択されます。このときのNPVの合計は92.8 + 24.7 = 117.5百万円です。同じようにIRR，PIC，回収期間を基準にして選択すると，以下のようになります。（単位：百万円）

```
(1) NPVによる選択      NPV合計
    300 C              65.9
    400 D              92.8
    500 D + A          117.5
(2) IRRによる選択      NPV合計
    300 C              65.9
    400 C + A          90.6
    500 C + B          114.7
(3) PICによる選択      NPV合計
    300 A + B          73.5
    400 D              92.8
    500 A + D          117.5
(4) 回収期間による選択 NPV合計
    300 C              65.9
    400 C + A          90.6
    500 C + B          114.7
```

このように，各指標を基準にして制約資金の中で最大になるように選択すると，指標ごとに選ばれる案件が異なりますが，常にNPV合計の最大値を示しているのは，PICだけです。つまり，資金制約のある独立案からの選択問題では，NPVやIRRを基準とすることはできず，PICを基準として選択します。なお，回収期間を基準にする場合，投資資金の回収という投資の安全性が重視されるので，収益性のある有利な投資案が選択されるとは限りません。

4-5. 排反案

排反案からの選択問題を考えてみましょう。生産ラインの増設を検討していますが，どの規模で増設するかが問題となっています。3つの案件の初期投資と毎年生じるキャッシュフローは以下の表です。税引後資本コストを10%としています。どの案件が有利でしょうか（単位：百万円）。

投資案	0	1	2	3	4	5	NPV	PIC	IRR
A	-200	10	30	70	150	95	48	0.24	0.166
B	-300	-100	20	400	100	100	57	0.19	0.148
C	-400	50	120	245	60	150	63	0.16	0.154

$$NPV(A) = 10 \times [F \to P]_1^{10\%} + 30 \times [F \to P]_2^{10\%} + 70 \times [F \to P]_3^{10\%}$$
$$+ 150 \times [F \to P]_4^{10\%} + 95 \times [F \to P]_5^{10\%} - 200 = 48$$
$$PIC(A) = 48 \div 200 = 0.24$$
$$NPV(A) = 10 \times [F \to P]_1^i + 30 \times [F \to P]_2^i + 70 \times [F \to P]_3^i$$
$$+ 150 \times [F \to P]_4^i + 95 \times [F \to P]_5^i - 200 = 0$$
$$IRR(A) = 0.166$$

A, B, Cの3つの規模からの選択は排反案からの選択ですから，1つしか選ぶことができません。この場合，金額を表示するNPVが最も大きいC案が選択されます。PICやIRRでは正しい選択ができません。

一方，差額で考えるとどうなるでしょうか。表からわかるように，A-0のNPVはプラス48ですから，Aを選択した方が有利だということになります。また，B-AのNPVもC-BのNPVもプラスですから，AよりもB，Bより

もCの方が有利だということになり，C案が最も有利だとわかります。差額PICではどうでしょう。この場合の差額PICはグラフの傾きを示しますから，A-0，B-A，C-Bいずれもプラスになっているので，差額PICでもC案が最も有利だとわかります。しかし，差額IRRはC-Bがマイナスとなり，正しい選択ができません。このようにIRRは正しい選択ができないときがあるので，NPVで確認する必要があります（詳しくは章末参照）。

投資案	0	1	2	3	4	5	NPV	差額PIC	差額IRR
A-0	-200	10	30	70	150	95	48	0.24	0.166
B-A	-100	-110	-10	330	-50	5	9	0.09	0.119
C-B	-100	150	100	-155	-40	50	6	0.06	-0.123

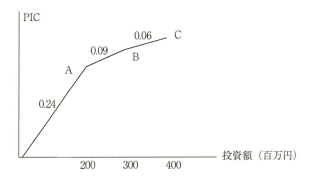

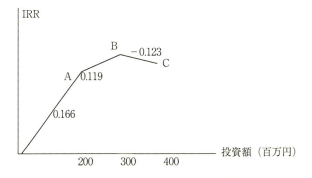

4-6. 混合案

混合案からの選択問題の解き方は，第2章で説明した手順で行います。
① 「排反案」の差額を求める。
② 差額がマイナスの案件を削除する。
③ 「生産能力制約の独立案」のPICを順位づける。
④ グラフを作成し選択する。

以下のような改善投資の案件がA部門とB部門から提案されました。規模に応じてその効果は異なりますが，資金が3,000万円，4,000万円，5,000万円の場合にどの案件を組み合わせるのが最適でしょうか。税引後資本コストは10%です（単位：万円）。

投資案	0	1	2	3	4	5
A1	−1,000	−1,000	500	1,300	1,200	1,200
A2	−2,000	700	1,000	800	800	400
A3	−3,000	1,200	1,000	900	950	1,200
B1	−1,000	470	530	580	530	400
B2	−2,000	650	820	900	830	710
B3	−3,000	930	1,100	1,080	1,180	1,100
B4	−4,000	1,300	1,470	1,350	1,350	1,270

①〜③：「排反案」の差額を求めて，マイナスを削除して，PICで順位づけました。次頁の表からA部門ではA1が最もNPVが大きく，A2−1，A3−1はマイナスですから，A2とA3は削除されます。B部門では，B2−1（41）よりもB3−2（102）の方がNPVの差額が大きく，差額PICも大きくなっています。

このような場合には，B2-1 (0.04) より B3-2 (0.10) を先に選択することはできないので，2つの案を1つと考えて B3-1 (0.072) として順位づけます。下のグラフで確認してみましょう。

	0	1	2	3	4	5	NPV	PIC	順位
A1	−1,000	−1,000	500	1,300	1,200	1,200	1,046	105%	
A2	−2,000	700	1,000	800	800	400	859	43%	
A3	−3,000	1,200	1,000	900	950	1,200	988	33%	
B1	−1,000	470	530	580	530	400	911	91%	
B2	−2,000	650	820	900	830	710	953	48%	
B3	−3,000	930	1,100	1,080	1,180	1,100	1,055	35%	
B4	−4,000	1,300	1,470	1,350	1,350	1,270	1,122	28%	
A1-0	−1,000	−1,000	500	1,300	1,200	1,200	1,046	105%	①
A2-1	−1,000	1,700	500	−500	−400	−800	−187	−19%	
A3-2	−1,000	500	0	100	150	800	129	13%	
A3-1	−2,000	2,200	500	−400	−250	0	−58	−3%	
B1-0	−1,000	470	530	580	530	400	911	91%	②
B2-1	−1,000	180	290	320	300	310	41	4%	
B3-2	−1,000	280	280	180	350	390	102	10%	
B4-3	−1,000	370	370	270	170	170	67	6.7%	④
B3-1	−2,000	460	570	500	650	700	144	7.2%	③

④：差額 PIC の順位にしたがって，グラフを作成します。

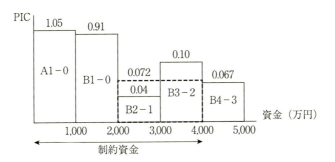

グラフから最適な選択を読み取ります。

差額 PIC による選択　　　　　　　　　NPV 合計
　　3,000 万円　　A1 (1,000) ＋ B2 (2,000)　　1,999 万円
　　4,000 万円　　A1 (1,000) ＋ B3 (3,000)　　2,101 万円
　　5,000 万円　　A1 (1,000) ＋ B4 (4,000)　　2,168 万円

4-7. 寿命の異なる投資案

　投資案を比較する場合は一定の期間で比較しますが，その期間には寿命の異なる設備が含まれています。そのような場合には，単純に現在価値で比較はできません。たとえば，以下のような2つの寿命の異なる投資案を考えてみましょう。

投資案	投資額	寿　命
A	500万円	3年
B	600万円	4年

　ここで，資本コストを5％としてA・B両案の年価を求めると，

$NAV(A) = -500 \times [F \to P]_3^{5\%} = -184$

$NAV(B) = -600 \times [F \to P]_4^{5\%} = -169$

　このように，A案の現在価値（500万円）はB案の現在価値（600万円）よりも安いのですが，年価ではA案（184万円）の方がB案（169万円）よりも高くなってしまいます。

　寿命が異なる投資案では，単純に現在価値（投資額）の安い方が有利だとは言えません。このような場合には，投資案の期間を決めて，その期間内で採算を検討することができます。たとえば，この場合A案が3年とB案が4年ですので，最小公倍数である12年で考えるのがわかりやすいでしょう。12年間にAは4回，Bは3回設備を取り換えると仮定します。12年間の2つの案件のNPVとNAVを求めてみます（単位：万円）。

投資案	0	1	2	3	4	5	6	7	8	9	10	11	12
A	−500	0	0	−500	0	0	−500	0	0	−500	0	0	0
B	−600	0	0	0	−600	0	0	0	−600	0	0	0	0

$$\text{NPV(A)} = -500 - 500 \times [F \to P]_3^{5\%} - 500 \times [F \to P]_6^{5\%}$$
$$\qquad\qquad - 500 \times [F \to P]_9^{5\%} = -1{,}627$$
$$\text{NPV(B)} = -600 - 600 \times [F \to P]_4^{5\%} - 600 \times [F \to P]_8^{5\%} = -1{,}500$$
$$\text{NAV(A)} = -1{,}627 \times [P \to A]_{12}^{5\%} = -184$$
$$\text{NAV(B)} = -1{,}500 \times [P \to A]_{12}^{5\%} = -169$$

この結果, NPV も NAV も B 案の方が有利だとわかります。ここで大切なことは, 期間を一定に決めた場合の年価と単純に年価を求めた値は同じになるということです。

$$NAV(\text{A}) = -500 \times [F \to P]_3^{5\%} = -184$$
$$NAV(\text{B}) = -600 \times [F \to P]_4^{5\%} = -169$$

つまり, 寿命の異なる投資案を比較するときは, 単純にそれぞれの期間の年価で比較することで正しい選択ができます。

(参考) 期間は最小公倍数でなくとも比較できます。たとえば 6 年では,
$$NPV(\text{A}) = -500 - 500 \times [F \to P]_3^{5\%} = -500 \times [P \to A]_3^{5\%} \times [A \to P]_6^{5\%} = -932$$
$$NAV(\text{A}) = -932 \times [P \to A]_6^{5\%} = -184$$
$$NPV(\text{B}) = -600 - 600 \times [F \to P]_4^{5\%} + 600 \times [P \to A]_4^{5\%} \times [A \to P]_2^{5\%} \times [F \to P]_6^{5\%}$$
$$\qquad = -600 - 600 \times [P \to A]_4^{5\%} \times [A \to P]_2^{5\%} \times [F \to P]_4^{5\%}$$
$$\qquad = -600 \times [P \to A]_4^{5\%} \times [A \to P]_2^{5\%} = -859$$
$$NAV(\text{B}) = -859 \times [P \to A]_6^{5\%} = -169$$

不確実な見通しでの分析

　意思決定は常に確実な情報をもとに行われるとは限りません。むしろ将来の情報は不確実な場合が多いのです。その場合，不確実性を少しでも減らすことができれば，より正しい意思決定を行うことができます。ここでは，不確実性を減らすための方法を紹介します。特にパソコンを利用することで，かなり不確実性を取り除くことができます。

　ある会社では新製品を開発したので，販売体制を整えることを検討しています。初期投資は5,000万円，年間操業費用200万円，製品1個当たりの変動費は600円程度ですが，製品の販売価格と販売数量の予測はかなり不確実ですし，製品寿命もはっきりしません。そこで，とりあえず，

　　予定販売価格を2,500円±10%
　　予定販売数量10,000個±10%
　　製品寿命3〜7年

の範囲でこの計画を検討することにしました。この1個当たり変動費は材料費，変動加工費以外の人件費も含んでいます。資本コストは10%とします。

　一般に，販売価格 p，販売数量 x，製品寿命 n，初期投資 C，操業費用 o，1個当たり変動費 v，資本コスト i とすると，NPVは

$$\text{NPV} = (p-v) \times x - o - C \times [P \to A]_n^i$$

と表されます。

　まず，この計画が販売価格2,500円，販売数量10,000個，製品寿命が5年とした場合に採算がとれるかを検討してみましょう。

$$\text{NPV} = (2,500-600) \times 10,000 - 2,000,000 - 50,000,000 \times [P \to A]_5^{10\%} = 3,810,126$$

となりますから，NPVはプラスなので計画通りにいけば採算がとれることがわかりました。

次に，不確実な販売価格 p，販売数量 x，製品寿命 n，を検討しましょう。
$$\text{NPV} = (p-600) \times x - 2{,}000{,}000 - 50{,}000{,}000 \times [P \to A]_n^{10\%}$$
NPVがゼロになる時が，採算がとれるかどうかの境界になります。
$$0 = (p-600) \times x - 2{,}000{,}000 - 50{,}000{,}000 \times [P \to A]_n^{10\%}$$
この式を変形して
$$p = \frac{50{,}000{,}000 \times [P \to A]_n^{10\%} + 2{,}000{,}000}{x} + 600$$

この式の製品寿命 n に3，販売数量 x に7,000を代入すると，
$$p = 3{,}758$$
と求めることができます。これは，製品寿命が3年，販売数量7,000個のときに，販売価格が3,758円で販売できれば，NPVがゼロ，つまり採算がとれる境界だということです（Excelゴールシークで求める方法は後で説明します）。

次に製品寿命 n を3として，販売数量 x を予想販売数量の範囲よりも広く7,000から12,000の範囲で代入すると，以下の表の値が得られます。

x	$n=3, p$
7,000	3,758
7,500	3,547
8,000	3,363
8,500	3,201
9,000	3,056
9,500	2,927
10,000	2,811
10,500	2,705
11,000	2,610
11,500	2,522
12,000	2,442

同様にして，製品寿命 n を 4 から 7，販売数量 x を 7,000 から 12,000 として NPV がゼロになる販売価格 p を求めると，

x	$n=3, p$	$n=4, p$	$n=5, p$	$n=6, p$	$n=7, p$
7,000	3,758	3,139	2,770	2,526	2,353
7,500	3,547	2,970	2,625	2,397	2,236
8,000	3,363	2,822	2,499	2,285	2,134
8,500	3,201	2,691	2,387	2,186	2,044
9,000	3,056	2,575	2,288	2,098	1,963
9,500	2,927	2,471	2,199	2,019	1,892
10,000	2,811	2,377	2,119	1,948	1,827
10,500	2,705	2,293	2,047	1,884	1,769
11,000	2,610	2,216	1,981	1,826	1,716
11,500	2,522	2,146	1,921	1,772	1,667
12,000	2,442	2,081	1,866	1,723	1,623

これをグラフにすると，以下のようになり，このグラフに当初の予想販売価格 2,500 円 ± 10％ と予定販売数量 10,000 個 ± 10％ を書き込みます（枠の部分）。

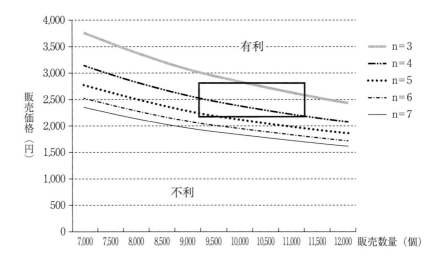

この結果，現在の予想される販売単価，販売数量，製品寿命では，販売単価が約 2,500 円以上，販売数量が約 9,000 個以上，製品寿命 5 年以上であれば，採算がとれることをこのグラフから読み取ることができます。

このように，少なくとも不確実な要因が 3 つであれば，1 つのグラフにして「見える化」することができますし，4 つ以上あってもいくつかのグラフで見ることができるので，将来の予想の不確実性を減らして意思決定しやすくすることができます。

意思決定では，将来の状況を予測することが難しい場合が少なくありません。特に新製品開発などの場合には，不確実な要素が多いこともあります。不確実な見通しのもとでは，利益に影響を及ぼす感度の高い要因を探し出すことは重要ですが，そのようなときにも有利・不利の優劣をはっきりとさせる分析は効果的です。そしていくつかのシナリオを想定して，予想が外れた場合の安全性を検討しておくことも必要でしょう。

不確実なもとでの分析でも使うことができる便利な分析ツールが「ゴールシーク」です。「ゴールシーク」は，ある数式の値を目標と等しくなるように未知数のセルの値を見つける分析ツールです。ここでは，販売数量と製品寿命が与えられたときに，NPV がゼロになる販売価格を求めましたが，Excel の「ゴールシーク」を使うことができます。次節でこの数値例で説明します。

Excel ゴールシーク

	A	B	C
1	x	n=3, p	NPV
2	7,000	3,758	0.0000000
3	7,500		
4	8,000		
5	8,500		
6	9,000		

A列：販売数量のデータを入れます。
B列：n=3のときの販売単価を求めますが，ここでは空欄にしておきます。
C列：NPVを求める式を入力します。ここでは以下になります。
 ＝PV（0.1, 3, －(B2－600)＊A2 ＋ 2000000）－50000000

ここでExcelの「ゴールシーク」という分析ツールを利用します。Excelの「データ」→「What-If分析」→「ゴールシーク」を選択すると，

ゴールシーク	
数式入力セル	
目標値	
変化させるセル	

このボックスが現れます。販売数量が7,000のときに，NPVがゼロになる販売単価が，この計画を実施するかどうかの分岐点になります。そこで，「数式入力セル」，にはNPVである「C2」を，「目標値」にはNPVの目標値「0」を入力し，求める販売単価「B2」を「変化させるセル」に入力します。

ゴールシーク	
数式入力セル	C2
目標値	0
変化させるセル	B2

「O.K.」を押すと，販売数量が7,000のときに，NPVがゼロになる販売単価3,785が求められます。

IRR は使えるか？

　内部利益率（Internal Rate of Return：IRR）は，1930 年代に経済学者のボールディング等によってアメリカでは提案されていました。ケインズやサミュエルソンも同じころに説明しています。それ以来，IRR は多くの国の企業で使われている指標です。内部利益率（r）とは，毎年生じるキャッシュフロー（R_n）を一定の利率で割引き，最初の年の投資額（I_0）と等しくなるとき，その割引率のことです。つまり，正味現在価値（NPV）をゼロにする利率のことです。

$$I_0 = \frac{R_1}{(1+r)^1} + \frac{R_2}{(1+r)^2} + \cdots + \frac{R_n}{(1+r)^n}$$

$$NPV = -I_0 = \frac{R_1}{(1+r)^1} + \frac{R_2}{(1+r)^2} + \cdots + \frac{R_n}{(1+r)^n} = 0$$

　しかし，以下のように IRR は使えないケースがあることがわかっています。

（1）IRR と NPV の結果が異なる場合（資本コスト 6％）

	0	1	2	3	4	5	IRR	NPV
A 案	-100	30	30	30	30	30	15.2%	26.4
B 案	-100	20	60	100	-10	-140	16.9%	18.4

　多くの場合，NPV と IRR は同じ結果を表します。つまり，NPV が大きい案件は IRR も大きいということです。しかし，この例のように NPV は A 案，IRR は B 案の方が大きくなることがあります。これはどうして生じるのでしょうか。次頁のグラフからわかるように，IRR は NPV をゼロにする利率のことですから，B の方が A よりも大きいのですが，NPV は資本コストで割引いた現在価値ですから，6％の時は A の方が大きくなります。つまりこの場合，IRR は有効ではないのです。

(2) 複数解の問題

定義式からわかるように IRR は n 次方程式ですから,その解が n 個存在する可能性があります。

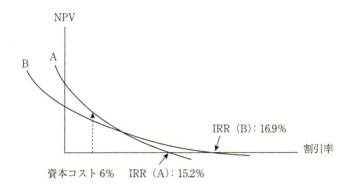

たとえば

$$0 = -100 + \frac{320}{(1+r)^1} - \frac{230}{(1+r)^2}$$

この場合,$r = 0.09$,1.1099 の2つがあります。この図からわかるように,資本コストが9％以下の場合は,r は有効になりませんし,9％以上の場合には,グラフからどちらが有効かを読み取らなければなりません。

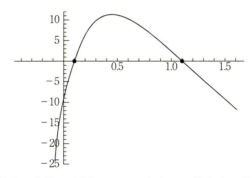

現在 IRR は多くの企業で利用されていますが,独立案,排反案,混合案のいずれでも有効ではない値を示すことがあるので,使う場合には NPV で確認することが必要です。

演習問題

[4.1] 3億円の設備投資をすると，初年度は売上収益が1億5,000万円，費用（減価償却費以外）が年額4,500万円増加する。それ以後，前年に比べ売上収益は年3％ずつ減少し，費用は年5％ずつ増加する。この設備の耐用年数は4年だが投資計画期間は5年，減価償却方法は定率法（償却率0.5，保証率0.12499）である。5年間の操業が終了した時点で設備は撤去されスクラップとして売却されるが，その時点の撤去費用とスクラップ価格はほぼ同額と想定される。実効税率を40％として，この投資案の税引前と税引後のキャッシュフローを求めなさい。

[4.2] 4-2.「投資案を作ってみよう」の設例について，定額法によって以下の諸表を作成しなさい。
① 予想事業計画
② 計画財務諸表
③ キャッシュフロー表

[4.3] 前問の税引後キャッシュフローから，以下についてこの投資案を判定しなさい。また，定率法との相違を考えなさい。
① 金額（NPV, NAV, NFV）
② 金利を考えた投資回収期間，金利を考えない投資回収期間
③ 投資効率（PIC, IRR）

独立案

[4.4] 以下のように税引後キャッシュフローが生じる投資案について，NPV，PIC，IRR，金利を考えた回収期間を調べて順位付けなさい。税引後資本コストは10％とする。

(単位：万円)

投資案	0	1	2	3
A	−100	80	70	30
B	−200	−20	135	300
C	−300	150	15	400

[4.5] 以下のように税引後キャッシュフローが生じる独立案からの選択問題で制約資金が3,000万円，4,000万円，5,000万円の場合について，以下の指標によって適資源配分を行いなさい。税引前資本コストは20％，実効税率は50％とする。

① NPVによって順位付け最適選択しなさい。
② IRRによって順位付け最適選択しなさい。
③ PICによって順位付け最適選択しなさい。

(単位：万円)

投資案	0	1	2	3	4	5
A	−1,000	200	500	700	900	340
B	−1,000	500	600	700	430	200
C	−1,000	370	800	600	300	100
D	−2,000	800	800	800	800	800
E	−2,000	800	1,200	1,800	700	200

[4.6] 岩井工業では，以下の9つの投資案について資金が500万円以内で最大の効果を生み出す案件を選択したいと考えている。税引前資本コストを10％，実効税率40％，減価償却は定額法として，税引前と税引後のNPV, IRR, PICを計算して選択しなさい。

(単位：万円)

投資案	0	1	2	3
A	−100	−20	20	180
B	−200	60	250	5
C	−300	−30	300	190
D	−100	30	120	10
E	−300	40	420	5
F	−100	60	−20	110
G	−300	200	20	250
H	−100	−10	160	10
I	−200	50	30	220

排反案

[**4.7**] 熊倉工業の工場では，レイアウトを改善して原価節減する案件を検討している。改善案は下の表のとおりである。寿命は10年。資金が3,000万円，4,000万円の場合，税引後資本コストを12％としてどの案が最も有利か。差額でも考えなさい。

(単位：万円)

案	初期投資額	年間費用の節減額
0	0	0
1	1,000	213
2	2,000	388
3	3,000	572
4	4,000	753
5	5,000	926

[**4.8**] 以下のような税引前キャッシュフローの排反案から税引前と税引後について最適選択を行いなさい。減価償却の耐用年数5年，定額法と定率法（保証率0.108）の両方で検討する。税引前資本コストは10％，実効税率40％とする。

① NPV，IRR，PICによって順位付け最適選択しなさい。
② 差額投資のNPV，IRR，PICによって順位付け最適選択しなさい。

（単位：万円）

投資案	0	1	2	3	4	5
A1	−1,000	350	350	350	350	350
A2	−2,000	−1,500	1,000	800	1,500	2,050
A3	−3,000	800	1,300	900	1,000	300

[4.9] 千野製造では自動機械の導入を計画中である。候補はA，Bの2機種である。A機は初期投資2,000万円，毎期の操業費用が350万円，B機は初期投資3,000万円，操業費用が100万円である。使用期間はどちらも8年，資本コストを10%とする。
① 正味現価でどちらが有利か。
② A機が有利になるのは，使用年数が何年以下の場合か。
③ A機が有利になるのは，初期投資がいくら以下の場合か。
④ A機が有利になるのは，毎期の操業費用がいくら以下の場合か。

[4.10] 村上商事ではOA機器1セットを購入するかリースにするかを検討している。この機械化によって年間2,500万円の経費が節約される。購入価額は5,500万円であるが，リース料は毎期首1,300万円支払う。機械の耐用年数は5年，税引前資本コスト15%，実効税率を40%とする。以下の各場合について，購入とリースのどちらが有利かを検討しなさい。
① 税金を考えない場合
② 税金を考えて，定額法で減価償却する場合
③ 税金を考えて，定率法で減価償却する場合（保証率0.108）

混合案

[4.11] 佐伯産業では，A，B，C，Dという4つの部門で各々投資を伴う改善

計画を立てている。この工場の資本コストは10%である。資金の総枠が300万円，400万円，500万円のとき，どの案件を選択するのが有利か。投資期間は10年。

(単位：万円)

組立部門	投資額	改善額／年	切削部門	投資額	改善額／年
A1	100	26.5	C1	100	38.2
A2	200	52.4	C2	200	52.8
機械部門	投資額	改善額／年	C3	300	71.2
B1	100	25	倉庫部門	投資額	改善／年
B2	200	44.8	D1	100	15.3
B3	300	52.6	D2	200	68.4

[4.12] 以下のように税引後キャッシュフローが生じる混合案の中から制約資金が3,000万円，4,000万円，5,000万円のときの最適選択を行いなさい。税引後資本コストを10%とする。差額投資のNPV，IRR，PICによって順位付け最適選択しなさい。

(単位：万円)

投資案	0	1	2	3	4	5
A1	-1,000	-900	400	800	1,100	300
A2	-2,000	800	400	800	300	290
A3	-3,000	500	1,300	200	1,460	600
B1	-1,000	370	100	480	300	100
B2	-2,000	-300	-100	600	2,140	800
B3	-3,000	880	1,400	300	1,100	200
B4	-4,000	280	1,500	340	2,280	1,200

[4.13] 寿命の異なる設備A，Bがある．Aは価格1,000万円で寿命が5年，これと同じ機能を果たすBの寿命は4年である．設備Bの価格がいくら未満ならば設備Aよりも有利になるか．資本コストを14%とする．

[4.14] 使用年数が異なる小型設備Aと大型設備Bがある．資本コストを10%とする．

設備	初期投資額	年間操業費用	使用年数
A	1,000万円	250万円	10年
B	1,800万円	100万円	30年

① 優劣を比較しなさい．
② Aが有利になるのは，初期投資がいくら未満のときか．
③ Aが有利になるのは，年間の操業費用がいくら未満のときか．
④ Aが有利になるのは，使用期間が何年未満のときか．

応用問題

[4.15] 2つの投資案A，Bがあり，それぞれの初期投資，毎年の報酬，継続年数は下の表の示すとおりである．資本コストを10%として，以下の各場合について，どちらの案件が有利か．

	初期投資額	年間報酬	継続年数
A	3,000万円	1,100万円	5年
B	5,000万円	1,050万円	10年

① この2つの投資案は，人員削減のための機械導入案である．
② この2つの投資案は，当社の下請けの関係会社からの要請で，融資してほしいという方策である．

③ この2つの投資案は，当社の研究開発部門で行う研究テーマである。研究が成功すれば，関係会社に生産させて報酬を受け取る予定である。継続年数とは，開発製品の寿命である。

[4.16] 堀田産業では，現在使用している設備が老朽化してきたため，修理して使用するか，それとも新設備に取替えるかという問題に直面している。修理する場合，1,500万円の修理費用のほか新設備に比べて操業維持費用が年間100万円多くかかるが，設備の寿命が5年間延びる。一方，新設備の寿命は15年，購入には3,000万円かかるが，旧設備を500万円で売却可能である。資本コストを10%とする。①5年使用，②15年使用，③継続して使用する各場合で旧設備を修理して使うか，新設備を購入するか，どちらがどれだけ有利かを検討しなさい。

[4.17] 佐伯商会では部品Xの生産を始めるために，現在使用していない機械Aを利用し，新たに機械Bを購入し，作業員1名を雇うことを計画している。機械A（耐用年数10年）は7年前に1,000万円で購入したもので，あと3年は使用できる。機械B（耐用年数8年）は800万円で購入する。年間の作業員の給与と操業費用は500万円。資本コストを12%とする。
① この部品Xの年間の費用はいくらか。
② 部品Xの寿命が3年だとしたらいくらか。

[4.18] 奥本通信では，通信ケーブル（耐用年数10年）を設置し10年間隔で2億円ずつ投資を継続する案がある。この投資案のスタートを1年間遅らせた場合，その効果はいくらか。資本コストを10%とする。投資計画期間を30年とした場合，その効果はいくらか。

[4.19] 以下の投資案を計画期間20年として検討しなさい。税引前資本コストを10%とする。

	取得価額	耐用年数
土地	1億円	
建物	8億円	30年
機械	12億円	6年

① 年間操業費用をいくらと見積もるか。
② 減価償却は定額法（残存価額はゼロ），実効税率40％として，税引後の正味現価，正味年価を計算しなさい。

[4.20] 高田工業では，A，B 2つの設備の購入について検討している。これらの設備は8年間使えるが，生産される製品の需要が不確実なため5年間で検討したい。製品の販売価格を1,000円とすると，毎年平均20,000個程度売れそうである。毎年のキャッシュフローは年度末に生じると仮定し，資本コストを8％とする。

設備	初期投資額	1個当たり加工費	使用年数
A	1,500万円	750円	8年
B	3,200万円	500円	8年

① 年間20,000個の需要があるとしたら，どちらの設備を使うのが有利か。
② 5年間の平均需要が減った場合，AとBの優劣分岐点数量はいくつか。
③ 加工費が値上がりした場合，AとBの優劣分岐点となる上昇率はいくらか。
④ 需要の継続年数が短くなった場合，AとBの優劣が逆転するのはいつか。

[4.21] 以下の条件で新製品の商品化を検討しなさい。

　　　初期投資1億2,000万円　　　年間操業費用300万円
　　　予定販売価格3,500円±500円　　1個当たり製品原価800円
　　　予定販売数量10,000個±10％　　製品寿命3〜7年
　　　資本コスト6％

[4.22] 新製品を開発したのでその生産体制を整えることを考えている。生産設備として下の表の2機種が考えられているが，製品の販売量の予測はかなり不確実である。資本コストを10％，製品の寿命を5年とする。
① この製品の販売単価が1,000円だとしたら，AとBの優劣はどうなるか。
② 販売単価が900円なら20,000個，1,100円なら15,000個程度まで需要があると思われる。どちらの機械が有利か。

	生産能力	初期投資額	1個当たり加工費
小型機A	12,000個／年	1,600万円	400円／個
大型機B	30,000個／年	4,000万円	250円／個

[4.23] 部品Xを作るのにはA機とB機が可能であるが，使用年数は不確実である。資本コストを10％として優劣を判定しなさい。

	初期投資額	年間操業費用	推定使用年数
A機	1,000万円	390万円	3～5年
B機	2,000万円	540万円	10～20年

[4.24] 河野製作所では，先月設備Aを1,200万円で購入したが，今月に入って同じ機能を果たす新型設備Bが発売された。Bの取得価額は800万円，操業費用はAが年間200万円，Bが100万円である。Bに取替えた場合はAを処分することになるが，今なら400万円で下取りしてくれるという。この設備導入による年間の売上収益増分は800万円と予想される。どちらの設備も耐用年数は8年だが，使用期間は6年，6年後の処分価値はいずれもゼロである。減価償却は定額法，実効税率40％，税引前資本コストを10％として，どちらが有利かを判定しなさい。また，使用年数が短くなった場合，優劣はどう変わるか。

複 利 係 数 表

終価係数 $[P \to F]_n^i$

n＼i	1 %	2 %	3 %	4 %	5 %	6 %	7 %	8 %	9 %
1	1.01000	1.02000	1.03000	1.04000	1.05000	1.06000	1.07000	1.08000	1.09000
2	1.02010	1.04040	1.06090	1.08160	1.10250	1.12360	1.14490	1.16640	1.18810
3	1.03030	1.06121	1.09273	1.12486	1.15763	1.19102	1.22504	1.25971	1.29503
4	1.04060	1.08243	1.12551	1.16986	1.21551	1.26248	1.31080	1.36049	1.41158
5	1.05101	1.10408	1.15927	1.21665	1.27628	1.33823	1.40255	1.46933	1.53862
6	1.06152	1.12616	1.19405	1.26532	1.34010	1.41852	1.50073	1.58687	1.67710
7	1.07214	1.14869	1.22987	1.31593	1.40710	1.50363	1.60578	1.71382	1.82804
8	1.08286	1.17166	1.26677	1.36857	1.47746	1.59385	1.71819	1.85093	1.99256
9	1.09369	1.19509	1.30477	1.42331	1.55133	1.68948	1.83846	1.99900	2.17189
10	1.10462	1.21899	1.34392	1.48024	1.62889	1.79085	1.96715	2.15892	2.36736
11	1.11567	1.24337	1.38423	1.53945	1.71034	1.89830	2.10485	2.33164	2.58043
12	1.12683	1.26824	1.42576	1.60103	1.79586	2.01220	2.25219	2.51817	2.81266
13	1.13809	1.29361	1.46853	1.66507	1.88565	2.13293	2.40985	2.71962	3.06580
14	1.14947	1.31948	1.51259	1.73168	1.97993	2.26090	2.57853	2.93719	3.34173
15	1.16097	1.34587	1.55797	1.80094	2.07893	2.39656	2.75903	3.17217	3.64248
16	1.17258	1.37279	1.60471	1.87298	2.18287	2.54035	2.95216	3.42594	3.97031
17	1.18430	1.40024	1.65285	1.94790	2.29202	2.69277	3.15882	3.70002	4.32763
18	1.19615	1.42825	1.70243	2.02582	2.40662	2.85434	3.37993	3.99602	4.71712
19	1.20811	1.45681	1.75351	2.10685	2.52695	3.02560	3.61653	4.31570	5.14166
20	1.22019	1.48595	1.80611	2.19112	2.65330	3.20714	3.86968	4.66096	5.60441
30	1.34785	1.81136	2.42726	3.24340	4.32194	5.74349	7.61226	10.0627	13.2677
40	1.48886	2.20804	3.26204	4.80102	7.03999	10.2857	14.9745	21.7245	31.4094
50	1.64463	2.69159	4.38391	7.10668	11.4674	18.4202	29.4570	46.9016	74.3575
60	1.81670	3.28103	5.89160	10.5196	18.6792	32.9877	57.9464	101.257	176.031
70	2.00676	3.99956	7.91782	15.5716	30.4264	59.0759	113.989	218.606	416.730
80	2.21672	4.87544	10.6409	23.0498	49.5614	105.796	224.234	471.955	986.552
90	2.44863	5.94313	14.3005	34.1193	80.7304	189.465	441.103	1018.92	2335.53
100	2.70481	7.24465	19.2186	50.5049	131.501	339.302	867.716	2199.76	5529.04
110	2.98780	8.83118	25.8282	74.7597	214.202	607.638	1706.93	4749.12	13089.3
120	3.30039	10.7652	34.7110	110.663	348.912	1088.19	3357.79	10253.0	30987.0

終価係数 $[P \to F]_n^i$

n \ i	10%	11%	12%	13%	14%	15%	20%	25%	30%
1	1.10000	1.11000	1.12000	1.13000	1.14000	1.15000	1.20000	1.25000	1.30000
2	1.21000	1.23210	1.25440	1.27690	1.29960	1.32250	1.44000	1.56250	1.69000
3	1.33100	1.36763	1.40493	1.44290	1.48154	1.52088	1.72800	1.95313	2.19700
4	1.46410	1.51807	1.57352	1.63047	1.68896	1.74901	2.07360	2.44141	2.85610
5	1.61051	1.68506	1.76234	1.84244	1.92541	2.01136	2.48832	3.05176	3.71293
6	1.77156	1.87041	1.97382	2.08195	2.19497	2.31306	2.98598	3.81470	4.82681
7	1.94872	2.07616	2.21068	2.35261	2.50227	2.66002	3.58318	4.76837	6.27485
8	2.14359	2.30454	2.47596	2.65844	2.85259	3.05902	4.29982	5.96046	8.15731
9	2.35795	2.55804	2.77308	3.00404	3.25195	3.51788	5.15978	7.45058	10.6045
10	2.59374	2.83942	3.10585	3.39457	3.70722	4.04556	6.19174	9.3132	13.7858
11	2.85312	3.15176	3.47855	3.83586	4.22623	4.65239	7.43008	11.6415	17.9216
12	3.13843	3.49845	3.89598	4.33452	4.81790	5.35025	8.91610	14.5519	23.2981
13	3.45227	3.88328	4.36349	4.89801	5.49241	6.15279	10.6993	18.1899	30.2875
14	3.79750	4.31044	4.88711	5.53475	6.26135	7.07571	12.8392	22.7374	39.3738
15	4.17725	4.78459	5.47357	6.25427	7.13794	8.13706	15.4070	28.4217	51.1859
16	4.59497	5.31089	6.13039	7.06733	8.13725	9.35762	18.4884	35.5271	66.5417
17	5.05447	5.89509	6.86604	7.98608	9.27646	10.7613	22.1861	44.4089	86.5042
18	5.55992	6.54355	7.68997	9.02427	10.5752	12.3755	26.6233	55.5112	112.455
19	6.11591	7.26334	8.61276	10.1974	12.0557	14.2318	31.9480	69.3889	146.192
20	6.72750	8.06231	9.64629	11.5231	13.7435	16.3665	38.3376	86.7362	190.050
30	17.4494	22.8923	29.9599	39.1159	50.9502	66.2118	237.376	807.794	2620.00
40	45.2593	65.0009	93.0510	132.782	188.884	267.864	1469.77	7523.16	36118.9
50	117.391	184.565	289.002	450.736	700.233	1083.66	9100.44	70064.9	497929
60	304.482	524.057	897.597	1530.05	2595.92	4384.00	56347.5	652530	
70	789.747	1488.02	2787.80	5193.87	9623.64	17735.7	348889		
80	2048.40	4225.11	8658.48	17630.9	35677.0	71750.9			
90	5313.02	11996.9	26891.9	59849.4	132262	290272			
100	13780.6	34064.2	83522.3	203163	490326				
110	35743.4	96722.5	259407	689650					
120	92709.1	274636	805680						

現価係数 $[F \to P]_n^i$

n \ i	1 %	2 %	3 %	4 %	5 %	6 %	7 %	8 %	9 %
1	0.99010	0.98039	0.97087	0.96154	0.95238	0.94340	0.93458	0.92593	0.91743
2	0.98030	0.96117	0.94260	0.92456	0.90703	0.89000	0.87344	0.85734	0.84168
3	0.97059	0.94232	0.91514	0.88900	0.86384	0.83962	0.81630	0.79383	0.77218
4	0.96098	0.92385	0.88849	0.85480	0.82270	0.79209	0.76290	0.73503	0.70843
5	0.95147	0.90573	0.86261	0.82193	0.78353	0.74726	0.71299	0.68058	0.64993
6	0.94205	0.88797	0.83748	0.79031	0.74622	0.70496	0.66634	0.63017	0.59627
7	0.93272	0.87056	0.81309	0.75992	0.71068	0.66506	0.62275	0.58349	0.54703
8	0.92348	0.85349	0.78941	0.73069	0.67684	0.62741	0.58201	0.54027	0.50187
9	0.91434	0.83676	0.76642	0.70259	0.64461	0.59190	0.54393	0.50025	0.46043
10	0.90529	0.82035	0.74409	0.67556	0.61391	0.55839	0.50835	0.46319	0.42241
11	0.89632	0.80426	0.72242	0.64958	0.58468	0.52679	0.47509	0.42888	0.38753
12	0.88745	0.78849	0.70138	0.62460	0.55684	0.49697	0.44401	0.39711	0.35553
13	0.87866	0.77303	0.68095	0.60057	0.53032	0.46884	0.41496	0.36770	0.32618
14	0.86996	0.75788	0.66112	0.57748	0.50507	0.44230	0.38782	0.34046	0.29925
15	0.86135	0.74301	0.64186	0.55526	0.48102	0.41727	0.36245	0.31524	0.27454
16	0.85282	0.72845	0.62317	0.53391	0.45811	0.39365	0.33873	0.29189	0.25187
17	0.84438	0.71416	0.60502	0.51337	0.43630	0.37136	0.31657	0.27027	0.23107
18	0.83602	0.70016	0.58739	0.49363	0.41552	0.35034	0.29586	0.25025	0.21199
19	0.82774	0.68643	0.57029	0.47464	0.39573	0.33051	0.27651	0.23171	0.19449
20	0.81954	0.67297	0.55368	0.45639	0.37689	0.31180	0.25842	0.21455	0.17843
30	0.74192	0.55207	0.41199	0.30832	0.23138	0.17411	0.13137	0.09938	0.07537
40	0.67165	0.45289	0.30656	0.20829	0.14205	0.09722	0.06678	0.04603	0.03184
50	0.60804	0.37153	0.22811	0.14071	0.08720	0.05429	0.03395	0.02132	0.01345
60	0.55045	0.30478	0.16973	0.09506	0.05354	0.03031	0.01726	0.00988	0.00568
70	0.49831	0.25003	0.12630	0.06422	0.03287	0.01693	0.00877	0.00457	0.00240
80	0.45112	0.20511	0.09398	0.04338	0.02018	0.00945	0.00446	0.00212	0.00101
90	0.40839	0.16826	0.06993	0.02931	0.01239	0.00528	0.00227	0.00098	0.00043
100	0.36971	0.13803	0.05203	0.01980	0.00760	0.00295	0.00115	0.00045	0.00018
110	0.33469	0.11324	0.03872	0.01338	0.00467	0.00165	0.00059	0.00021	0.00008
120	0.30299	0.09289	0.02881	0.00904	0.00287	0.00092	0.00030	0.00010	0.00003

現価係数 $[F \to P]_n^i$

n \ i	10%	11%	12%	13%	14%	15%	20%	25%	30%
1	0.90909	0.90090	0.89286	0.88496	0.87719	0.86957	0.83333	0.80000	0.76923
2	0.82645	0.81162	0.79719	0.78315	0.76947	0.75614	0.69444	0.64000	0.59172
3	0.75131	0.73119	0.71178	0.69305	0.67497	0.65752	0.57870	0.51200	0.45517
4	0.68301	0.65873	0.63552	0.61332	0.59208	0.57175	0.48225	0.40960	0.35013
5	0.62092	0.59345	0.56743	0.54276	0.51937	0.49718	0.40188	0.32768	0.26933
6	0.56447	0.53464	0.50663	0.48032	0.45559	0.43233	0.33490	0.26214	0.20718
7	0.51316	0.48166	0.45235	0.42506	0.39964	0.37594	0.27908	0.20972	0.15937
8	0.46651	0.43393	0.40388	0.37616	0.35056	0.32690	0.23257	0.16777	0.12259
9	0.42410	0.39092	0.36061	0.33288	0.30751	0.28426	0.19381	0.13422	0.09430
10	0.38554	0.35218	0.32197	0.29459	0.26974	0.24718	0.16151	0.10737	0.07254
11	0.35049	0.31728	0.28748	0.26070	0.23662	0.21494	0.13459	0.08590	0.05580
12	0.31863	0.28584	0.25668	0.23071	0.20756	0.18691	0.11216	0.06872	0.04292
13	0.28966	0.25751	0.22917	0.20416	0.18207	0.16253	0.09346	0.05498	0.03302
14	0.26333	0.23199	0.20462	0.18068	0.15971	0.14133	0.07789	0.04398	0.02540
15	0.23939	0.20900	0.18270	0.15989	0.14010	0.12289	0.06491	0.03518	0.01954
16	0.21763	0.18829	0.16312	0.14150	0.12289	0.10686	0.05409	0.02815	0.01503
17	0.19784	0.16963	0.14564	0.12522	0.10780	0.09293	0.04507	0.02252	0.01156
18	0.17986	0.15282	0.13004	0.11081	0.09456	0.08081	0.03756	0.01801	0.00889
19	0.16351	0.13768	0.11611	0.09806	0.08295	0.07027	0.03130	0.01441	0.00684
20	0.14864	0.12403	0.10367	0.08678	0.07276	0.06110	0.02608	0.01153	0.00526
30	0.05731	0.04368	0.03338	0.02557	0.01963	0.01510	0.00421	0.00124	0.00038
40	0.02209	0.01538	0.01075	0.00753	0.00529	0.00373	0.00068	0.00013	0.00003
50	0.00852	0.00542	0.00346	0.00222	0.00143	0.00092	0.00011	0.00001	0.00000
60	0.00328	0.00191	0.00111	0.00065	0.00039	0.00023	0.00002	0.00000	0.00000
70	0.00127	0.00067	0.00036	0.00019	0.00010	0.00006	0.00000	0.00000	0.00000
80	0.00049	0.00024	0.00012	0.00006	0.00003	0.00001	0.00000	0.00000	0.00000
90	0.00019	0.00008	0.00004	0.00002	0.00001	0.00000	0.00000	0.00000	0.00000
100	0.00007	0.00003	0.00001	0.00000	0.00000	0.00000	0.00000	0.00000	0.00000
110	0.00003	0.00001	0.00000	0.00000	0.00000	0.00000	0.00000	0.00000	0.00000
120	0.00001	0.00000	0.00000	0.00000	0.00000	0.00000	0.00000	0.00000	0.00000

資本回収係数 $[P \rightarrow A]_n^i$

n \ i	1 %	2 %	3 %	4 %	5 %	6 %	7 %	8 %	9 %
1	1.01000	1.02000	1.03000	1.04000	1.05000	1.06000	1.07000	1.08000	1.09000
2	0.50751	0.51505	0.52261	0.53020	0.53780	0.54544	0.55309	0.56077	0.56847
3	0.34002	0.34675	0.35353	0.36035	0.36721	0.37411	0.38105	0.38803	0.39505
4	0.25628	0.26262	0.26903	0.27549	0.28201	0.28859	0.29523	0.30192	0.30867
5	0.20604	0.21216	0.21835	0.22463	0.23097	0.23740	0.24389	0.25046	0.25709
6	0.17255	0.17853	0.18460	0.19076	0.19702	0.20336	0.20980	0.21632	0.22292
7	0.14863	0.15451	0.16051	0.16661	0.17282	0.17914	0.18555	0.19207	0.19869
8	0.13069	0.13651	0.14246	0.14853	0.15472	0.16104	0.16747	0.17401	0.18067
9	0.11674	0.12252	0.12843	0.13449	0.14069	0.14702	0.15349	0.16008	0.16680
10	0.10558	0.11133	0.11723	0.12329	0.12950	0.13587	0.14238	0.14903	0.15582
11	0.09645	0.10218	0.10808	0.11415	0.12039	0.12679	0.13336	0.14008	0.14695
12	0.08885	0.09456	0.10046	0.10655	0.11283	0.11928	0.12590	0.13270	0.13965
13	0.08241	0.08812	0.09403	0.10014	0.10646	0.11296	0.11965	0.12652	0.13357
14	0.07690	0.08260	0.08853	0.09467	0.10102	0.10758	0.11434	0.12130	0.12843
15	0.07212	0.07783	0.08377	0.08994	0.09634	0.10296	0.10979	0.11683	0.12406
16	0.06794	0.07365	0.07961	0.08582	0.09227	0.09895	0.10586	0.11298	0.12030
17	0.06426	0.06997	0.07595	0.08220	0.08870	0.09544	0.10243	0.10963	0.11705
18	0.06098	0.06670	0.07271	0.07899	0.08555	0.09236	0.09941	0.10670	0.11421
19	0.05805	0.06378	0.06981	0.07614	0.08275	0.08962	0.09675	0.10413	0.11173
20	0.05542	0.06116	0.06722	0.07358	0.08024	0.08718	0.09439	0.10185	0.10955
30	0.03875	0.04465	0.05102	0.05783	0.06505	0.07265	0.08059	0.08883	0.09734
40	0.03046	0.03656	0.04326	0.05052	0.05828	0.06646	0.07501	0.08386	0.09296
50	0.02551	0.03182	0.03887	0.04655	0.05478	0.06344	0.07246	0.08174	0.09123
60	0.02224	0.02877	0.03613	0.04420	0.05283	0.06188	0.07123	0.08080	0.09051
70	0.01993	0.02667	0.03434	0.04275	0.05170	0.06103	0.07062	0.08037	0.09022
80	0.01822	0.02516	0.03311	0.04181	0.05103	0.06057	0.07031	0.08017	0.09009
90	0.01690	0.02405	0.03226	0.04121	0.05063	0.06032	0.07016	0.08008	0.09004
100	0.01587	0.02320	0.03165	0.04081	0.05038	0.06018	0.07008	0.08004	0.09002
110	0.01503	0.02255	0.03121	0.04054	0.05023	0.06010	0.07004	0.08002	0.09001
120	0.01435	0.02205	0.03089	0.04036	0.05014	0.06006	0.07002	0.08001	0.09000

複利係数表 ◎── 173

資本回収係数 $[P \to A]_n^i$

n \ i	10%	11%	12%	13%	14%	15%	20%	25%	30%
1	1.10000	1.11000	1.12000	1.13000	1.14000	1.15000	1.20000	1.25000	1.30000
2	0.57619	0.58393	0.59170	0.59948	0.60729	0.61512	0.65455	0.69444	0.73478
3	0.40211	0.40921	0.41635	0.42352	0.43073	0.43798	0.47473	0.51230	0.55063
4	0.31547	0.32233	0.32923	0.33619	0.34320	0.35027	0.38629	0.42344	0.46163
5	0.26380	0.27057	0.27741	0.28431	0.29128	0.29832	0.33438	0.37185	0.41058
6	0.22961	0.23638	0.24323	0.25015	0.25716	0.26424	0.30071	0.33882	0.37839
7	0.20541	0.21222	0.21912	0.22611	0.23319	0.24036	0.27742	0.31634	0.35687
8	0.18744	0.19432	0.20130	0.20839	0.21557	0.22285	0.26061	0.30040	0.34192
9	0.17364	0.18060	0.18768	0.19487	0.20217	0.20957	0.24808	0.28876	0.33124
10	0.16275	0.16980	0.17698	0.18429	0.19171	0.19925	0.23852	0.28007	0.32346
11	0.15396	0.16112	0.16842	0.17584	0.18339	0.19107	0.23110	0.27349	0.31773
12	0.14676	0.15403	0.16144	0.16899	0.17667	0.18448	0.22526	0.26845	0.31345
13	0.14078	0.14815	0.15568	0.16335	0.17116	0.17911	0.22062	0.26454	0.31024
14	0.13575	0.14323	0.15087	0.15867	0.16661	0.17469	0.21689	0.26150	0.30782
15	0.13147	0.13907	0.14682	0.15474	0.16281	0.17102	0.21388	0.25912	0.30598
16	0.12782	0.13552	0.14339	0.15143	0.15962	0.16795	0.21144	0.25724	0.30458
17	0.12466	0.13247	0.14046	0.14861	0.15692	0.16537	0.20944	0.25576	0.30351
18	0.12193	0.12984	0.13794	0.14620	0.15462	0.16319	0.20781	0.25459	0.30269
19	0.11955	0.12756	0.13576	0.14413	0.15266	0.16134	0.20646	0.25366	0.30207
20	0.11746	0.12558	0.13388	0.14235	0.15099	0.15976	0.20536	0.25292	0.30159
30	0.10608	0.11502	0.12414	0.13341	0.14280	0.15230	0.20085	0.25031	0.30011
40	0.10226	0.11172	0.12130	0.13099	0.14075	0.15056	0.20014	0.25003	0.30001
50	0.10086	0.11060	0.12042	0.13029	0.14020	0.15014	0.20002	0.25000	0.30000
60	0.10033	0.11021	0.12013	0.13009	0.14005	0.15003	0.20000	0.25000	0.30000
70	0.10013	0.11007	0.12004	0.13003	0.14001	0.15001	0.20000	0.25000	0.30000
80	0.10005	0.11003	0.12001	0.13001	0.14000	0.15000	0.20000	0.25000	0.30000
90	0.10002	0.11001	0.12000	0.13000	0.14000	0.15000	0.20000	0.25000	0.30000
100	0.10001	0.11000	0.12000	0.13000	0.14000	0.15000	0.20000	0.25000	0.30000
110	0.10000	0.11000	0.12000	0.13000	0.14000	0.15000	0.20000	0.25000	0.30000
120	0.10000	0.11000	0.12000	0.13000	0.14000	0.15000	0.20000	0.25000	0.30000

年金現価係数 $[A \to P]_n^i$

n \ i	1 %	2 %	3 %	4 %	5 %	6 %	7 %	8 %	9 %
1	0.99010	0.98039	0.97087	0.96154	0.95238	0.94340	0.93458	0.92593	0.91743
2	1.97040	1.94156	1.91347	1.88609	1.85941	1.83339	1.80802	1.78326	1.75911
3	2.94099	2.88388	2.82861	2.77509	2.72325	2.67301	2.62432	2.57710	2.53129
4	3.90197	3.80773	3.71710	3.62990	3.54595	3.46511	3.38721	3.31213	3.23972
5	4.85343	4.71346	4.57971	4.45182	4.32948	4.21236	4.10020	3.99271	3.88965
6	5.79548	5.60143	5.41719	5.24214	5.07569	4.91732	4.76654	4.62288	4.48592
7	6.72819	6.47199	6.23028	6.00205	5.78637	5.58238	5.38929	5.20637	5.03295
8	7.65168	7.32548	7.01969	6.73274	6.46321	6.20979	5.97130	5.74664	5.53482
9	8.56602	8.16224	7.78611	7.43533	7.10782	6.80169	6.51523	6.24689	5.99525
10	9.47130	8.98259	8.53020	8.11090	7.72173	7.36009	7.02358	6.71008	6.41766
11	10.3676	9.78685	9.25262	8.76048	8.30641	7.88687	7.49867	7.13896	6.80519
12	11.2551	10.5753	9.95400	9.38507	8.86325	8.38384	7.94269	7.53608	7.16073
13	12.1337	11.3484	10.6350	9.98565	9.39357	8.85268	8.35765	7.90378	7.48690
14	13.0037	12.1062	11.2961	10.5631	9.89864	9.29498	8.74547	8.24424	7.78615
15	13.8651	12.8493	11.9379	11.1184	10.3797	9.71225	9.10791	8.55948	8.06069
16	14.7179	13.5777	12.5611	11.6523	10.8378	10.1059	9.44665	8.85137	8.31256
17	15.5623	14.2919	13.1661	12.1657	11.2741	10.4773	9.76322	9.12164	8.54363
18	16.3983	14.9920	13.7535	12.6593	11.6896	10.8276	10.0591	9.37189	8.75563
19	17.2260	15.6785	14.3238	13.1339	12.0853	11.1581	10.3356	9.60360	8.95011
20	18.0456	16.3514	14.8775	13.5903	12.4622	11.4699	10.5940	9.81815	9.12855
30	25.8077	22.3965	19.6004	17.2920	15.3725	13.7648	12.4090	11.2578	10.2737
40	32.8347	27.3555	23.1148	19.7928	17.1591	15.0463	13.3317	11.9246	10.7574
50	39.1961	31.4236	25.7298	21.4822	18.2559	15.7619	13.8007	12.2335	10.9617
60	44.9550	34.7609	27.6756	22.6235	18.9293	16.1614	14.0392	12.3766	11.0480
70	50.1685	37.4986	29.1234	23.3945	19.3427	16.3845	14.1604	12.4428	11.0844
80	54.8882	39.7445	30.2008	23.9154	19.5965	16.5091	14.2220	12.4735	11.0998
90	59.1609	41.5869	31.0024	24.2673	19.7523	16.5787	14.2533	12.4877	11.1064
100	63.0289	43.0984	31.5989	24.5050	19.8479	16.6175	14.2693	12.4943	11.1091
110	66.5305	44.3382	32.0428	24.6656	19.9066	16.6392	14.2773	12.4974	11.1103
120	69.7005	45.3554	32.3730	24.7741	19.9427	16.6514	14.2815	12.4988	11.1108

年金現価係数 $[A \rightarrow P]^i_n$

n \ i	10%	11%	12%	13%	14%	15%	20%	25%	30%
1	0.90909	0.90090	0.89286	0.88496	0.87719	0.86957	0.83333	0.80000	0.76923
2	1.73554	1.71252	1.69005	1.66810	1.64666	1.62571	1.52778	1.44000	1.36095
3	2.48685	2.44371	2.40183	2.36115	2.32163	2.28323	2.10648	1.95200	1.81611
4	3.16987	3.10245	3.03735	2.97447	2.91371	2.85498	2.58873	2.36160	2.16624
5	3.79079	3.69590	3.60478	3.51723	3.43308	3.35216	2.99061	2.68928	2.43557
6	4.35526	4.23054	4.11141	3.99755	3.88867	3.78448	3.32551	2.95142	2.64275
7	4.86842	4.71220	4.56376	4.42261	4.28830	4.16042	3.60459	3.16114	2.80211
8	5.33493	5.14612	4.96764	4.79877	4.63886	4.48732	3.83716	3.32891	2.92470
9	5.75902	5.53705	5.32825	5.13166	4.94637	4.77158	4.03097	3.46313	3.01900
10	6.14457	5.88923	5.65022	5.42624	5.21612	5.01877	4.19247	3.57050	3.09154
11	6.49506	6.20652	5.93770	5.68694	5.45273	5.23371	4.32706	3.65640	3.14734
12	6.81369	6.49236	6.19437	5.91765	5.66029	5.42062	4.43922	3.72512	3.19026
13	7.10336	6.74987	6.42355	6.12181	5.84236	5.58315	4.53268	3.78010	3.22328
14	7.36669	6.98187	6.62817	6.30249	6.00207	5.72448	4.61057	3.82408	3.24867
15	7.60608	7.19087	6.81086	6.46238	6.14217	5.84737	4.67547	3.85926	3.26821
16	7.82371	7.37916	6.97399	6.60388	6.26506	5.95423	4.72956	3.88741	3.28324
17	8.02155	7.54879	7.11963	6.72909	6.37286	6.04716	4.77463	3.90993	3.29480
18	8.20141	7.70162	7.24967	6.83991	6.46742	6.12797	4.81219	3.92794	3.30369
19	8.36492	7.83929	7.36578	6.93797	6.55037	6.19823	4.84350	3.94235	3.31053
20	8.51356	7.96333	7.46944	7.02475	6.62313	6.25933	4.86958	3.95388	3.31579
30	9.42691	8.69379	8.05518	7.49565	7.00266	6.56598	4.97894	3.99505	3.33206
40	9.77905	8.95105	8.24378	7.63438	7.10504	6.64178	4.99660	3.99947	3.33324
50	9.91481	9.04165	8.30450	7.67524	7.13266	6.66051	4.99945	3.99994	3.33333
60	9.96716	9.07356	8.32405	7.68728	7.14011	6.66515	4.99991	3.99999	3.33333
70	9.98734	9.08480	8.33034	7.69083	7.14211	6.66629	4.99999	4.00000	3.33333
80	9.99512	9.08876	8.33237	7.69187	7.14266	6.66657	5.00000	4.00000	3.33333
90	9.99812	9.09015	8.33302	7.69218	7.14280	6.66664	5.00000	4.00000	3.33333
100	9.99927	9.09064	8.33323	7.69227	7.14284	6.66666	5.00000	4.00000	3.33333
110	9.99972	9.09082	8.33330	7.69230	7.14285	6.66667	5.00000	4.00000	3.33333
120	9.99989	9.09088	8.33332	7.69230	7.14286	6.66667	5.00000	4.00000	3.33333

減債基金係数 $[F \to A]_n^i$

n＼i	1 %	2 %	3 %	4 %	5 %	6 %	7 %	8 %	9 %
1	1.00000	1.00000	1.00000	1.00000	1.00000	1.00000	1.00000	1.00000	1.00000
2	0.49751	0.49505	0.49261	0.49020	0.48780	0.48544	0.48309	0.48077	0.47847
3	0.33002	0.32675	0.32353	0.32035	0.31721	0.31411	0.31105	0.30803	0.30505
4	0.24628	0.24262	0.23903	0.23549	0.23201	0.22859	0.22523	0.22192	0.21867
5	0.19604	0.19216	0.18835	0.18463	0.18097	0.17740	0.17389	0.17046	0.16709
6	0.16255	0.15853	0.15460	0.15076	0.14702	0.14336	0.13980	0.13632	0.13292
7	0.13863	0.13451	0.13051	0.12661	0.12282	0.11914	0.11555	0.11207	0.10869
8	0.12069	0.11651	0.11246	0.10853	0.10472	0.10104	0.09747	0.09401	0.09067
9	0.10674	0.10252	0.09843	0.09449	0.09069	0.08702	0.08349	0.08008	0.07680
10	0.09558	0.09133	0.08723	0.08329	0.07950	0.07587	0.07238	0.06903	0.06582
11	0.08645	0.08218	0.07808	0.07415	0.07039	0.06679	0.06336	0.06008	0.05695
12	0.07885	0.07456	0.07046	0.06655	0.06283	0.05928	0.05590	0.05270	0.04965
13	0.07241	0.06812	0.06403	0.06014	0.05646	0.05296	0.04965	0.04652	0.04357
14	0.06690	0.06260	0.05853	0.05467	0.05102	0.04758	0.04434	0.04130	0.03843
15	0.06212	0.05783	0.05377	0.04994	0.04634	0.04296	0.03979	0.03683	0.03406
16	0.05794	0.05365	0.04961	0.04582	0.04227	0.03895	0.03586	0.03298	0.03030
17	0.05426	0.04997	0.04595	0.04220	0.03870	0.03544	0.03243	0.02963	0.02705
18	0.05098	0.04670	0.04271	0.03899	0.03555	0.03236	0.02941	0.02670	0.02421
19	0.04805	0.04378	0.03981	0.03614	0.03275	0.02962	0.02675	0.02413	0.02173
20	0.04542	0.04116	0.03722	0.03358	0.03024	0.02718	0.02439	0.02185	0.01955
30	0.02875	0.02465	0.02102	0.01783	0.01505	0.01265	0.01059	0.00883	0.00734
40	0.02046	0.01656	0.01326	0.01052	0.00828	0.00646	0.00501	0.00386	0.00296
50	0.01551	0.01182	0.00887	0.00655	0.00478	0.00344	0.00246	0.00174	0.00123
60	0.01224	0.00877	0.00613	0.00420	0.00283	0.00188	0.00123	0.00080	0.00051
70	0.00993	0.00667	0.00434	0.00275	0.00170	0.00103	0.00062	0.00037	0.00022
80	0.00822	0.00516	0.00311	0.00181	0.00103	0.00057	0.00031	0.00017	0.00009
90	0.00690	0.00405	0.00226	0.00121	0.00063	0.00032	0.00016	0.00008	
100	0.00587	0.00320	0.00165	0.00081	0.00038	0.00018	0.00008		
110	0.00503	0.00255	0.00121	0.00054	0.00023	0.00010			
120	0.00435	0.00205	0.00089	0.00036	0.00014	0.00006			

減債基金係数 $[F \rightarrow A]_n^i$

n \ i	10%	11%	12%	13%	14%	15%	20%	25%	30%
1	1.00000	1.00000	1.00000	1.00000	1.00000	1.00000	1.00000	1.00000	1.00000
2	0.47619	0.47393	0.47170	0.46948	0.46729	0.46512	0.45455	0.21978	0.43478
3	0.30211	0.29921	0.29635	0.29352	0.29073	0.28798	0.27473	0.05830	0.25063
4	0.21547	0.21233	0.20923	0.20619	0.20320	0.20027	0.18629	0.01616	0.16163
5	0.16380	0.16057	0.15741	0.15431	0.15128	0.14832	0.13438	0.00453	0.11058
6	0.12961	0.12638	0.12323	0.12015	0.11716	0.11424	0.10071	0.00127	0.07839
7	0.10541	0.10222	0.09912	0.09611	0.09319	0.09036	0.07742	0.00036	0.05687
8	0.08744	0.08432	0.08130	0.07839	0.07557	0.07285	0.06061	0.00010	0.04192
9	0.07364	0.07060	0.06768	0.06487	0.06217	0.05957	0.04808	0.00003	0.03124
10	0.06275	0.05980	0.05698	0.05429	0.05171	0.04925	0.03852	0.00001	0.02346
11	0.05396	0.05112	0.04842	0.04584	0.04339	0.04107	0.03110	0.00000	0.01773
12	0.04676	0.04403	0.04144	0.03899	0.03667	0.03448	0.02526	0.00000	0.01345
13	0.04078	0.03815	0.03568	0.03335	0.03116	0.02911	0.02062	0.00000	0.01024
14	0.03575	0.03323	0.03087	0.02867	0.02661	0.02469	0.01689	0.00000	0.00782
15	0.03147	0.02907	0.02682	0.02474	0.02281	0.02102	0.01388	0.00000	0.00598
16	0.02782	0.02552	0.02339	0.02143	0.01962	0.01795	0.01144	0.00000	0.00458
17	0.02466	0.02247	0.02046	0.01861	0.01692	0.01537	0.00944	0.00000	0.00351
18	0.02193	0.01984	0.01794	0.01620	0.01462	0.01319	0.00781	0.00000	0.00269
19	0.01955	0.01756	0.01576	0.01413	0.01266	0.01134	0.00646	0.00000	0.00207
20	0.01746	0.01558	0.01388	0.01235	0.01099	0.00976	0.00536	0.00000	0.00159
30	0.00608	0.00502	0.00414	0.00341	0.00280	0.00230	0.00085	0.00000	0.00011
40	0.00226	0.00172	0.00130	0.00099	0.00075	0.00056	0.00014	0.00000	0.00001
50	0.00086	0.00060	0.00042	0.00029	0.00020	0.00014	0.00002	0.00000	0.00000
60	0.00033	0.00021	0.00013	0.00009	0.00005	0.00003	0.00000	0.00000	0.00000
70	0.00013	0.00007	0.00004	0.00003	0.00001	0.00001	0.00000	0.00000	0.00000
80	0.00005	0.00003	0.00001	0.00001	0.00000	0.00000	0.00000	0.00000	0.00000
90	0.00002	0.00001	0.00000	0.00000	0.00000	0.00000	0.00000	0.00000	
100	0.00001	0.00000	0.00000	0.00000	0.00000	0.00000	0.00000		
110	0.00000	0.00000	0.00000	0.00000	0.00000	0.00000			
120	0.00000	0.00000	0.00000	0.00000	0.00000	0.00000			

年金終価係数 [$A \to F]_n^i$

n \ i	1 %	2 %	3 %	4 %	5 %	6 %	7 %	8 %	9 %
1	1.00000	1.00000	1.00000	1.00000	1.00000	1.00000	1.00000	1.00000	1.00000
2	2.01000	2.02000	2.03000	2.04000	2.05000	2.06000	2.07000	2.08000	2.09000
3	3.03010	3.06040	3.09090	3.12160	3.15250	3.18360	3.21490	3.24640	3.27810
4	4.06040	4.12161	4.18363	4.24646	4.31013	4.37462	4.43994	4.50611	4.57313
5	5.10101	5.20404	5.30914	5.41632	5.52563	5.63709	5.75074	5.86660	5.98471
6	6.15202	6.30812	6.46841	6.63298	6.80191	6.97532	7.15329	7.33593	7.52333
7	7.21354	7.43428	7.66246	7.89829	8.14201	8.39384	8.65402	8.92280	9.20043
8	8.28567	8.58297	8.89234	9.21423	9.54911	9.89747	10.2598	10.6366	11.0285
9	9.36853	9.75463	10.1591	10.5828	11.0266	11.4913	11.9780	12.4876	13.0210
10	10.4622	10.9497	11.4639	12.0061	12.5779	13.1808	13.8164	14.4866	15.1929
11	11.5668	12.1687	12.8078	13.4864	14.2068	14.9716	15.7836	16.6455	17.5603
12	12.6825	13.4121	14.1920	15.0258	15.9171	16.8699	17.8885	18.9771	20.1407
13	13.8093	14.6803	15.6178	16.6268	17.7130	18.8821	20.1406	21.4953	22.9534
14	14.9474	15.9739	17.0863	18.2919	19.5986	21.0151	22.5505	24.2149	26.0192
15	16.0969	17.2934	18.5989	20.0236	21.5786	23.2760	25.1290	27.1521	29.3609
16	17.2579	18.6393	20.1569	21.8245	23.6575	25.6725	27.8881	30.3243	33.0034
17	18.4304	20.0121	21.7616	23.6975	25.8404	28.2129	30.8402	33.7502	36.9737
18	19.6147	21.4123	23.4144	25.6454	28.1324	30.9057	33.9990	37.4502	41.3013
19	20.8109	22.8406	25.1169	27.6712	30.5390	33.7600	37.3790	41.4463	46.0185
20	22.0190	24.2974	26.8704	29.7781	33.0660	36.7856	40.9955	45.7620	51.1601
30	34.7849	40.5681	47.5754	56.0849	66.4388	79.0582	94.4608	113.283	136.308
40	48.8864	60.4020	75.4013	95.0255	120.800	154.762	199.635	259.057	337.882
50	64.4632	84.5794	112.797	152.667	209.348	290.336	406.529	573.770	815.084
60	81.6697	114.052	163.053	237.991	353.584	533.128	813.520	1253.21	1944.79
70	100.676	149.978	230.594	364.290	588.529	967.932	1614.13	2720.08	4619.22
80	121.672	193.772	321.363	551.245	971.229	1746.60	3189.06	5886.94	10950.6
90	144.863	247.157	443.349	827.983	1594.61	3141.08	6287.19	12723.9	25939.2
100	170.481	312.232	607.288	1237.62	2610.03	5638.37	12381.7	27484.5	61422.7
110	198.780	391.559	827.608	1843.99	4264.03	10110.6	24370.4	59351.5	145425
120	230.039	488.258	1123.70	2741.56	6958.24	18119.8	47954.1	128150	344289

年金終価係数 $[A \to F]_n^i$

n \ i	10%	11%	12%	13%	14%	15%	20%	25%	30%
1	1.00000	1.00000	1.00000	1.00000	1.00000	1.00000	1.00000	1.00000	1.00000
2	2.10000	2.11000	2.12000	2.13000	2.14000	2.15000	2.20000	2.25000	2.30000
3	3.31000	3.34210	3.37440	3.40690	3.43960	3.47250	3.64000	3.81250	3.99000
4	4.64100	4.70973	4.77933	4.84980	4.92114	4.99338	5.36800	5.76563	6.18700
5	6.10510	6.22780	6.35285	6.48027	6.61010	6.74238	7.44160	8.20703	9.04310
6	7.71561	7.91286	8.11519	8.32271	8.53552	8.75374	9.92992	11.2588	12.7560
7	9.48717	9.78327	10.0890	10.4047	10.7305	11.0668	12.9159	15.0735	17.5828
8	11.4359	11.8594	12.2997	12.7573	13.2328	13.7268	16.4991	19.8419	23.8577
9	13.5795	14.1640	14.7757	15.4157	16.0853	16.7858	20.7989	25.8023	32.0150
10	15.9374	16.7220	17.5487	18.4197	19.3373	20.3037	25.9587	33.2529	42.6195
11	18.5312	19.5614	20.6546	21.8143	23.0445	24.3493	32.1504	42.5661	56.4053
12	21.3843	22.7132	24.1331	25.6502	27.2707	29.0017	39.5805	54.2077	74.3270
13	24.5227	26.2116	28.0291	29.9847	32.0887	34.3519	48.4966	68.7596	97.6250
14	27.9750	30.0949	32.3926	34.8827	37.5811	40.5047	59.1959	86.9495	127.913
15	31.7725	34.4054	37.2797	40.4175	43.8424	47.5804	72.0351	109.687	167.286
16	35.9497	39.1899	42.7533	46.6717	50.9804	55.7175	87.4421	138.109	218.472
17	40.5447	44.5008	48.8837	53.7391	59.1176	65.0751	105.931	173.636	285.014
18	45.5992	50.3959	55.7497	61.7251	68.3941	75.8364	128.117	218.045	371.518
19	51.1591	56.9395	63.4397	70.7494	78.9692	88.2118	154.740	273.556	483.973
20	57.2750	64.2028	72.0524	80.9468	91.0249	102.444	186.688	342.945	630.165
30	164.494	199.021	241.333	293.199	356.787	434.745	1181.88	3227.17	8729.99
40	442.593	581.826	767.091	1013.70	1342.03	1779.09	7343.86	30088.7	120393
50	1163.91	1668.77	2400.02	3459.51	4994.52	7217.72	45497.2	280256	
60	3034.82	4755.1	7471.6	11761.9	18535.1	29220.0	281733		
70	7887.47	13518.4	23223.3	39945.2	68733.2	118231			
80	20474.0	38401.2	72145.7	135615	254828	478333			
90	53120.2	109053	224091	460372	944725				
100	137796	309665	696011						
110	357424	879287							
120	927081								

索　引

A－Z

Excelの関数 121
IRR 120, 141, 156
NPV 144
PIC（Profit Index under Constraints）
　　58, 60, 62, 116, 120, 141, 142

ア

赤字製品 18
意思決定 2
一定の期間で考える場合 148
売れるかどうか 12, 24, 30
運転資本 135

カ

回収期間 114, 115, 119, 141, 142
課税所得 134, 135
期間が無限の年金現価係数 113
キャッシュフロー 4, 54, 65, 68, 75, 76
　────図 113
　────表 139
金額 52, 114, 140
金利を考えた回収期間 119, 140
金利を考えない回収期間 119, 141
黒字製品 18
計画財務諸表 138
欠品による損失 14
現価（現在価値） 105, 106, 108

減価償却 32
　────費 135, 136
固定資産処分損 21
個別受注の問題 16
ゴールシーク 153
混合案 55, 79, 84, 88, 146
　────制約のある場合 78

サ

在庫 22
差額PIC 73, 77, 82, 86, 147
資金の時間的価値 104, 112
自社で購入して生産するか 8, 62
市場制約 24, 27, 31
実効税率 134, 137
支払利息 136
資本コスト 105, 117
収益性 19
終価 105, 106, 110
正味現在価値（Net Present Value：NPV）
　　115, 119, 140, 142
正味終価（Net Final Value：NFV）
　　115, 119, 140
正味年価（Net Annual Value：NAV）
　　115, 119, 140
将来生じるはずのキャッシュフロー 12, 14
処分損 21
新規に行う設備投資計画 6
生産能力制約 24, 26, 31

税引後キャッシュフロー
　　　　　　　　　　134, 136, 139, 140
税引後資本コスト……………………140
税引後の投資案の採算性……………140
税引前キャッシュフロー……………134
税引前資本コスト……………………140
製品別損益計算書…………………18, 60
制約……………………………24, 30
　　──が変化する場合……………28
　　──資源…………………58, 116
ソルバー…………………………90

タ

代替案を比較する………………………4
定額法……………………………32
定率法……………………………32
投資案……………………………138
独立案………55, 57, 60, 62, 65～67, 142
　　──制約のある場合……………56
　　──制約のない場合……………64
取替え問題………………………9, 20

ナ

内部利益率（Internal Rate of Return：IRR）
　　　　　　　　　……116, 117, 142, 156

並べ替え…………………………90
年価…………………105, 108, 110, 112
　　──法…………………148, 150

ハ

排反案………55, 68, 69, 71, 74, 76, 144
　　──差額…………………70, 71
販売促進案……………………………26
非現金項目……………………………135
不確実性………………………………150
複数解の問題…………………………157
不良在庫の処分………………………11
不良率の改善案………………………26
ボトルネック……………………25, 30

マ

埋没原価………………………………21

ヤ

遊休設備………………………………10
予想事業計画…………………………138

ラ

率（利率）…………………52, 114, 140

《著者紹介》

香取　徹（かとり・とおる）

1978年　横浜国立大学経営学部卒。
1985年　慶應義塾大学大学院商学研究科博士課程単位取得。
1992年　獨協大学助教授。
1995年　米国イリノイ大学客員研究員。
1998年　獨協大学教授。
博士（商学）　慶應義塾大学

主要著書

香取　徹『資本予算の管理会計』中央経済社，2011年。
伊藤・香取・松村・渡辺『キャッシュフロー管理会計』中央経済社，1999年など。

現在：獨協大学教授。立教大学大学院ビジネスデザイン研究科，中央大学大学院ビジネススクール，同アカウンティングスクール兼任講師。専修大学兼任講師などを歴任。(独)求職者雇用支援機構高度ポリテクセンターなどで社会人対象のセミナーを担当。

（検印省略）

2014年4月20日　初版発行　　　　　　　　　　略称―意思決定
2018年4月20日　改訂版発行

キャッシュフローで考えよう！
意思決定の管理会計 [改訂版]

著　者　香取　徹
発行者　塚田尚寛

発行所　東京都文京区　　株式会社　創成社
　　　　春日2-13-1

　　　　電　話　03 (3868) 3867　　FAX 03 (5802) 6802
　　　　出版部　03 (3868) 3857　　FAX 03 (5802) 6801
　　　　http://www.books-sosei.com　振替　00150-9-191261

定価はカバーに表示してあります。

©2014, 2018 Toru Katori　　　組版：トミ・アート　印刷：S・Dプリント
ISBN978-4-7944-1522-6 C3034　製本：宮製本所
Printed in Japan　　　　　　　落丁・乱丁本はお取り替えいたします。

― 簿記・会計選書 ―

キャッシュフローで考えよう！ 意思決定の管理会計	香取　　　徹　著	2,200 円
会　　計　　原　　理 ― 会計情報の作成と読み方 ―	斎藤　孝一　著	2,000 円
IFRS教育の実践研究	柴　　　健次　編著	2,900 円
IFRS教育の基礎研究	柴　　　健次　編著	3,500 円
現代会計の論理と展望 ― 会計論理の探求方法 ―	上野　清貴　著	3,200 円
会計利益計算の構造と論理	上野　清貴　編著	3,600 円
簿記のススメ ― 人生を豊かにする知識 ―	上野　清貴　監修	1,600 円
複式簿記の理論と計算	村田　直樹 竹中　　徹　編著 森口　毅彦	3,600 円
複式簿記の理論と計算　問題集	村田　直樹 竹中　　徹　編著 森口　毅彦	2,200 円
非営利組織会計テキスト	宮本　幸平　著	2,000 円
監　査　人　監　査　論 ― 会計士・監査役監査と監査責任論を中心として ―	守屋　俊晴　著	3,600 円
社会的責任の経営・会計論 ― CSRの矛盾構造とソシオマネジメントの可能性 ―	足立　　浩　著	3,000 円
社　会　化　の　会　計 ― すべての働く人のために ―	熊谷　重勝 内野　一樹　編著	1,900 円
原　価　計　算　の　基　礎	阪口　　要　編著	2,400 円
活動を基準とした管理会計技法の展開と経営戦略論	広原　雄二　著	2,500 円
ライフサイクル・コスティング ― イギリスにおける展開 ―	中島　洋行　著	2,400 円
アメリカ品質原価計算研究の視座	浦田　隆広　著	2,200 円
ソフトウェア原価計算 ― 定量的規模測定法による原価管理 ―	井手吉成佳　著	2,700 円
会計の基礎ハンドブック	柳田　　仁　編著	2,600 円

（本体価格）

― 創成社 ―